大师谈收藏

红木家具
投资收藏入门

第2版

柏德元 谢崇桥 陈同友
编著

上海科学技术出版社

图书在版编目（CIP）数据

红木家具投资收藏入门/柏德元，谢崇桥，陈同友编著．—2版．—上海：上海科学技术出版社，2014.5
（大师谈收藏）
ISBN 978-7-5478-2164-0

Ⅰ.①红… Ⅱ.①柏…②谢…③陈… Ⅲ.①红木科-木家具-投资-基本知识②红木科-木家具-收藏-基本知识 Ⅳ.①F724.785②G894

中国版本图书馆CIP数据核字(2014)第048062号

红木家具投资收藏入门（第2版）
柏德元　谢崇桥　陈同友　编著

上海科学技术出版社出版
中国图书进出口上海公司发行
（上海钦州南路71号　邮政编码200235）

200001　上海福建中路193号　www.ewen.cc
＊＊＊＊＊＊＊＊有限公司印刷
开本 850×1168　1/32　印张 7　插页 4
字数：190千字
2010年1月第1版　2014年5月第2版　2014年5月第4次印刷
ISBN 978-7-5478-2164-0/G·501

本书如有缺页、错装或坏损等严重质量问题，
请向工厂联系调换

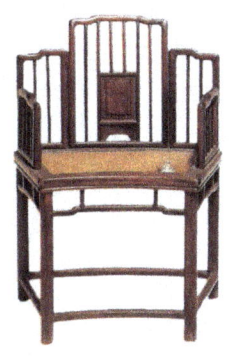

序

民间流传的"盛世收藏"名言,已经成为今日中国的现实。自 20 世纪始,工艺美术品悄然地走入了人们的视线并逐渐形成了庞大的国内市场。由于历代工艺美术品和近现代工艺美术品在市场流通中具有不同程度的增值和保值空间,因此工艺美术品已跃升为当今国内外资本的主要投资目标。

被今人称作"工艺美术"的艺术品,其实都是古代各个时期人们的生活用品。先人们在生活中发现了土与火,创造了彩陶、陶瓷;后来发现了铜,创造了青铜器;发现了漆,创造了漆器……每一时期新材料的发现都推动了科技和工艺的发展,新的科技、工艺、材料的发现,也创造了更加便利和适用的生活用品,从而更新和丰富着人们的生活及生活方式。由于古代物质和精神生活的单纯性,促使当时人们的精力更专注在对唯一和主要用品的适用功能和审美功能的集中表达上。因此,无论是彩陶、青铜器、漆器、金银器、玉器等物品上都呈现着时代的使用和审美合璧的双重功能。在

古代器物中,蕴涵着各个时期社会形态、人们生活水平、生活方式、工艺科技水准和人们的审美情感等信息。这些有形和无形的形象和信息凝聚成为一种特有的历史价值和艺术价值,当器物一旦失去使用价值以后,后人又会在它的形体上发现和挖掘出历史价值和审美价值。早在我国宋代就已出现了对古书画和古器物的收藏与复制。清代以后,复制古代工艺品和根据古代传统工艺、传统工艺风格进行创新的工艺品,形成了独立的制作和流通产业,所制作的器物专供人们陈设、欣赏、把玩、收藏与投资。

今天在工艺品收藏和投资中不乏古代工艺品和近现代工艺品。古代工艺品一般通过墓葬出土、各朝代宫廷留存、私人收藏传承等方式传世。古代工艺品大多属帝王、贵族、文人士大夫所拥有,这种种器物均具有较高的历史价值、工艺价值、艺术价值和经济价值。现在这部分物品被收藏在各大博物馆内,流通到社会的数量毕竟有限。

近现代工艺美术品的门类、品种、花式极为丰富,如:玉器、石雕、象牙、竹木器、漆器、陶瓷、琉璃、金银铜锡器、珐琅器、红木家具、刺绣,等等。其中,由于受不同地域不

同民族文化、风俗、资源的影响,每类工艺品又呈现出风格迥异的特色。

近现代工艺品已退去了实用功能走向艺术的层面,因此尤其重视材料品质的选择和艺术设计水平的提高、工艺加工的精致,目前工艺美术品的艺术附加值,吸引了更多投资者的目光。工艺美术品的发展与工艺美术品的收藏、投资互为因果,高水平的工艺美术品具有稳定、可观的保值增值空间,由此会推动工艺美术品收藏和投资的拓展。同样,工艺品投资的发展也会推进工艺美术事业的持续发展。

"今天的工艺美术品是未来的文物"这一论断正是历史的规律。工艺品收藏和投资,不仅是个人资本投资增值的目的,也是个人兴趣爱好、养性益智、提高审美的自我修养,更是一份留存给后人时代艺术精华的历史责任。

目前工艺美术品市场虽方兴未艾,但市场中的工艺制品存在着真伪、良莠纷杂现象。如何鉴真收精,全凭收藏者的眼力功夫。眼力来源于收藏者、投资者对工艺品知识了解的程度和审美品位的高下,审美品位则来自对工艺品知识掌握多寡和收藏实践的品鉴中。

  中国工艺美术历史悠远，艺术璀璨，工艺精致，是中国文化艺术的重要组成部分。无论哪一门类的工艺美术品，其魅力中无不包含了复杂的发展、蜕变历程；充满了世代人在天时、地利、人和的认知中对材料选择、利用的智慧；积淀了工艺美术设计和工艺技法表达的绝技的繁复和多样性。这门丰厚而优秀的学问是中国工艺美术宝贵的财富，是工艺美术品收藏和投资者珍贵的知识典籍。

  "大师谈收藏"系列丛书用一问一答的形式，把工艺美术历史、材料、工艺、名人名作、真伪鉴别、保养等理论知识化。书中的提问与解答开门见山、简明扼要，直指要点，使读者易懂、易记，可谓是收藏和投资者的一本入门指南。此书可以帮助有志收藏投资者入门有道，少走弯路；对于已有一定收藏、投资经历者而言，也可以作为检验收藏成果，提升收藏、投资能力的良师益友。

北京工艺美术学会理事长 唐克美

2014 年 2 月

前言

对家具而言，时间是最好的检验工具。那些能够经历数百年而留存下来（有很多一直在使用）的家具，本身就说明家具所用木材具有特殊性。红木，就是对这类家具所用木材的通称。提到红木家具，人们往往会联想起古代皇宫或者达官贵人府上的那些体量宽大、厚重、色彩深沉、韵味十足的居家陈设。正是因为这类家具经久耐用，在其上面又逐渐积淀了深层的历史文化印痕，再加上这类家具往往工艺考究、制作精良，凡此种种，赋予了这类家具独特的价值。今天，它受到世人的追捧也就不足为怪了。

然而，也正是因为制作用材、历史文化、工艺水准等诸如此类的复杂因素，使得家具投资收藏变成了一件不太容易把握的事情。想要涉足家具收藏领域，需要掌握大量相关知识。针对当前社会越来越多的人开始对收藏感兴趣的现实，一些大众媒体举办了普及相关知识的节目，各种各样的专业书籍也正在或者陆续出版。本书就是针对家具投资收藏者的需求而编写的。书中以问答形式将红木家具相关的知识点进行了归纳整理，尽量用深入浅出的方法进行阐述，力求引导初学者入门以及解答红木家具投资收藏者特别关注的问题。当然，仅凭这一本书是不可能讲解与红木家具相关的全部知识。

不过，如果要真正涉足艺术品投资收藏领域，仅凭书本知识是不够的，还需要大量的实践经验，所谓"纸上得来终觉浅，须知此事要躬行"。因此，没有大量的收藏鉴赏实践恐怕行不通，一时冲动、轻易出手是艺术品投资收藏的大忌。对于一个初学者来说，要想真正掌握红木家具的投资收藏方法，应该首先多阅读像本书这样不太深奥的图书，然后经常到博物馆、拍卖行、古玩市场、红木家具厂去看看，经常去接触真真假假的红木家具实物，倾听专家里手的分析，这样才能慢慢积累经验，提升自己的鉴赏水平。同时，通过与市场的零距离接触，也能逐渐掌握市场行情。这是很多藏家学习投资收藏的重要方法，也是涉足投资收藏所要经历的重要阶段。

当然，我们并不否定掌握更广、更深知识的必要性。当您的基本知识和实际经验积累到了一定程度，自然会有这方面的需求。那时候再进一步深入地学习，一切就会顺理成章，水到渠成。

红木家具等古玩的投资收藏，实际上不仅仅是收藏实物本身，而是还包括这些实物所蕴含的深层文化。因而，有人说投资收藏，"三分靠学，七分靠悟"。尽管书本能提供不少知识，但仍然有很多知识无法用语言准确表达，需要读者自己去体会。所以想要涉足投资收藏，首先应该具备一种良好的心态，急于求成是达不到寓藏于乐境界的。

本书在编撰过程中，参考了不少前人的研究成果和一些专业网站的信息，时值本书再版之际一并表示衷心感谢。同时，因为水平有限，本书错误之处在所难免，还希望广大读者批评指正。

编著者

2014年2月

目录

历史篇

1. 什么是家具? 2
2. 家具是如何产生的? 6
3. 什么是家具文化? 9
4. 什么是中式家具? 10
5. 中式家具是沿着怎样的脉络发展演化的? 13
6. 什么是红木家具? 21
7. 红木家具是如何产生和发展的? 24
8. 明式家具的基本特点是什么? 26
9. 清式家具的基本特点是什么? 29
10. 什么是清式家具的三式? 32
11. 隆庆开关与明代家具有什么关系? 36

12. 明代家具出现的历史背景是什么? 36

材质篇

13. 什么是红木? 40
14. 红木包括哪些材种? 41
15. 家具常用红木有哪几种? 47
16. 紫檀木的基本特征是什么? 50
17. 花梨木的基本特征是什么? 52
18. 酸枝木的基本特征是什么? 54
19. 鸡翅木的基本特征是什么? 57
20. 铁刀木、铁力木的基本特征是什么? 58
21. 乌木的基本特征是什么? 61
22. 瘿木的基本特征是什么? 62
23. 香枝木与黄花梨之间是何种关系? 64
24. 哪种红木品质最好? 65
25. 什么是老红木? 66

品类篇

26. 红木家具主要包括哪些品类? 70
27. 什么是床? 70
28. 什么是架子床? 72
29. 什么是拔步床? 74
30. 什么是榻? 77

31．什么是几、案？	78
32．什么是桌？	84
33．什么是椅？	87
34．什么是交椅？	89
35．什么是圈椅？	90
36．什么是官帽椅？	91
37．什么是玫瑰椅？	93
38．什么是靠背椅？	96
39．什么是太师椅？	97
40．什么是凳？	99
41．什么是箱、柜、橱？	102
42．什么是多宝格？	104
43．多宝格是如何产生的？	107
44．多宝格产生于清代的历史背景是什么？	108
45．为什么说园无石不秀，室无格不雅？	113
46．什么是屏风？	113
47．屏风是如何产生和发展的？	114
48．什么是插屏、挂屏？	118
49．什么是折屏？	122
50．什么叫桌屏、炕屏？	124
51．什么是百宝屏风？	126
52．什么是书画屏风？	127
53．什么是博古屏风？	130
54．什么是架子类家具？	130
55．什么是盆巾架？	132
56．什么是衣架？	134
57．什么是灯架？	135

工艺篇

58. 制作红木家具如何选料用料? 140
59. 与柴木类家具相比,红木家具在加工时有哪些要求? 140
60. 在进行红木家具表面处理时应该注意哪些问题? 141
61. 什么是榫卯结构? 142
62. 榫卯结构有多少种类? 143
63. 什么是攒边? 147
64. 什么是倒棱? 148
65. 红木家具有哪几种基本的木雕技法? 148
66. 什么是浮雕? 150
67. 什么是圆雕? 153
68. 什么是镂雕? 154
69. 修复古旧家具的原则是什么? 156
70. 旧红木家具翻新有哪两种基本做法? 157
71. 仿古家具的制作有哪些手法? 158
72. 红木家具主要有哪几种金属饰件? 159

美学篇

73. 红木家具的创作原则是什么? 162
74. 红木家具创作从哪几个方面体现了中国传统文化理念? 163
75. 红木家具创作是如何体现"天人合一"哲学思想的? 164
76. 红木家具是如何体现儒家学说的? 166
77. 红木家具创作与古建园林的关系是什么? 166
78. 红木家具创作与书法绘画、戏曲有何关系? 167
79. 红木家具对环境的适应性表现在哪些方面? 169

80.红木家具配置与摆放的个性、共性原则是什么？　170
81．什么是吉祥图案？　171
82．红木家具在吉祥图案的运用上有哪些特点？　173

发展篇

83．如何理解红木家具的与时俱进？　178
84．如何理解后世家具仿明说？　178
85．红木家具的创新原则是什么？　180
86．当代红木家具的流行趋势是什么？　180

投资篇

87．红木家具为什么受到人们的钟爱？　184
88．应从哪几个方面分析判断红木家具的投资收藏价值？　185
89．选购红木家具应从哪几个方面着手？　187
90．红木家具的投资与收藏应注意哪些问题？　189
91．为什么说红木家具的投资与收藏必须要掌握相关的知识？　189
92．为什么说红木家具的投资与收藏必须要有胆识？　190
93．为什么说红木家具收藏必须要有缘分？　192
94．什么是红木家具投资收藏的禁忌？　192
95．如何辨别古旧家具的真伪？　194
96．古旧家具收藏有哪些主要的相关专业术语？　196
97．近年来红木家具价格走向如何？　198
98．红木家具投资收藏的前景如何？　199

保养篇

99. 红木的理化性能有何特点？　　　　　　　202
100. 红木家具日常保养应注意什么？　　　　　202
101. 红木家具如何防尘？　　　　　　　　　　203
102. 红木家具如何防虫蛀？　　　　　　　　　204
103. 红木家具应如何防潮？　　　　　　　　　205
104. 红木家具如何防燥、防光？　　　　　　　207
105. 老红木家具如何除尘、除污？　　　　　　208
106. 搬运红木家具应注意什么？　　　　　　　209

参考文献　　　　　　　　　　　　　　　　210

红木家具投资收藏入门　历史篇

1. 什么是家具？

人类活动具有社会性。人们只有首先解决衣、食、住、行等基本生存、生活问题之后，才能谈得上从事经济的、政治的、文化的、社会的各种活动。以"住"而论，如果说房屋是解决住的问题的第一要素，那么家具则是随之而来的第二要素。然而，这并不等于说，先有建筑后有家具，家具由建筑派生而来的。应该说，家具与建筑是相互衍生的。两者是互为依存，相辅相成，相互借鉴，相互促进，共同发展的。

那么，什么是家具呢？简单地说，家具就是日用器具。但又似乎太笼统，太宽泛。日用器具还包括炊具、餐具、酒具、茶具、文具及日用电器等，家具只是日用器具中的一大种类。具体地讲，所谓家具，是满足人们躺、卧、坐、靠、用餐、

———— 条案对书香门第、仕宦家庭尤为重要 ————

椅子是很常见的家具

历·史·篇

书写、摆放和存储物品等各种需求的器具。通常由若干个零部件按一定接合方式装配而成，也是室内外装饰的重要组成部分。自古以来，我国家具一直以木材为主要用材，所以家具又称"木器"。从摆放场所和使用功能角度讲，主要可分为家居家具和办公家具。

家具不光是一种简单的功能物质产品，也是一种普及的大众艺术，它既要满足某些特定的用途，又要满足人们审美的精神需求，使人在接触和使用过程中产生某种审美快感和引发丰富的联想。所以说，家具既是物质产品，也是艺术创作，这便是人们常说的家具的二重特点。

家具的类型、数量、功能、形式、风格和制作水平以及当时的占有情况，还反映了一个国家与地区在特定历史时期的社会生活方式、社会物质文明的水平以及历史文化特征。

家具是特定时期、特定地域社会生产力发展水平和社会关系的展示，是特定生活方式的缩影，是特定文化形态的显现。

多宝格和柜子能纳很多宝贝

历·史·篇

———— 床是家居的重要组成部分 ————

2. 家具是如何产生的？

关于家具的产生，《物原》有"轩辕作箱柜，神农作橱，禹作屏"之说。就是说轩辕黄帝发明了箱和柜之类的家具，神农氏发明了橱柜家具，大禹发明了屏风。

然而，辩证唯物主义和历史唯物主义的基本常识却告诉我们，人类一切物质文明和精神文明成果，都是劳动人民在长期的生产实践中发现、发明、创造和发展起来的。恩格斯在《反杜林论》中精辟指出："和数的概念一样，形的概念也完全从外部世界得来的，而不是头脑中由纯粹的思维产生出来的。必须先存在具有一定形状的物体把这些形状加以比较，然后才能构成形的概念"。

20世纪60年代初，有媒体开辟专栏，展开了一个有趣的讨论，"是先有的桌子，还是先有的'桌子'？"意思是先有的桌子这种东西,还是先有的"桌子"这个概念。一时间各种观点各执一词,莫衷一是。如果说先有桌子这种东西,那么在人们的头脑中,连桌子的基本概念都没有,又该如何设计制造出来呢?如果说先有"桌子"的这个概念,人们根本没有见过桌子,根本不知桌子为何物,又怎能凭空想像出来呢?

这场讨论的实质,牵扯到哲学的一个最根本问题,即物质与精神,何者为第一性的问题?是物质决定精神,还是精神决定物质?是唯物论的反映论,还是唯心论的先验论?顺着这个思路,答案也就不难得出,应该是先有桌子这种东西。不过最早最原始的那张桌子,很可能就是一块天然大石头,恰巧不大不小,不高不低,顶部相对平整。原始先民在狩猎、采集途中恰巧由此经过,便将猎物和果实摆在上面,大家围在四周共同分享。至于经人类简单加工过的最早的桌子,也

历·史·篇

———— 桌凳是不可缺少的家具 ————

应该是由石块、木墩、土墩搭制、堆砌而成。经过数千年的发展演化，才形成今日各种各样的桌子。

可见，人类的许多发明创造是受大自然现象的启示而产生的。自然为师，天工意造。将自然的天然造化与人对自然的开发、利用相融合是家具产生的根本原因。

当然，后世家具的发展离不开材料、结构、外观形态、功能和制作技艺等的探索和发展。

材料是构成家具的物质基础，在家具的发展史上，除了常用的木材、金属、塑料外，还有藤、竹、玻璃、橡胶、织物、装饰板、皮革、海绵等。加工工艺、质地、强度、表面装饰性能等是影响家具材料选择的重要因素。

家具的结构是指家具所使用的材料和构件之间的一定组合与连接方式，它是依据一定的使用功能而组成的，包括内在结构和外在结构。内在结构是指家具零部件间的某种结合方式，它取决于材料的变化和科学技术、制作工艺的发展，如金属家具、塑料家具、藤家具、木家具等都有自己的内在结构特点。家具的外在结构是直接与使用者相接触的那部分结构，它是外观造型的直接反映，在尺度、比例和形状上都必须与使用者相适应。高度、深度、倾角适当的家具可提高人的工作效率、减少产生疲劳的可能性；贮存类家具在方便使用者存取物品的前提下，要与所存放物品的尺度相适应等。家具的外在结构也为家具的审美特征奠定了基础。

家具的外观形态是功能和结构的直观表现，外观依附于其结构，特别是外在结构。但外观形态和结构之间并不是绝对对应的关系，同一种结构可以由不同的外观形态来表现。外观形态具有很灵活的选择性和表现性，如多数椅子的基本结构相同，但其外观形态却多姿多彩。家具的外观形态作为功能和结构的外在表现，还具有信息传达和象征符号意义。

家具往往是为了一定的使用目的而设计制作的,功能是推动家具发展的主要动力之一。在进行家具设计时,首先应从功能的角度出发,对设计对象进行分析,由此来决定材料结构和外观形态。

3. 什么是家具文化?

家具的价值,除了实用外,更重要的是其中所蕴含的文化价值。任何家具,往往都体现着一定的社会形态、生产方式、生活习俗、人文理念、美学理念和价值理念,从而使实用性和艺术性相结合,并具有鲜明的时代特征、地方特色和民族风格。这些,都是文化的体现。因为从广义上讲,人类社会所创造的一切物质文明成果和精神文明成果都是文化,包括食文化、酒文化、茶文化、服饰文化等与风俗习惯联系密切的文化,也包括哲学、社会学、文学及各种文化艺术门类。文化作为一种软实力,其作用是巨大的,无法估量的。

无论从广义的角度讲,还是从狭义的角度讲,家具都承载着文化,有着丰厚的历史文化内涵。相对于一般日用家具来说,传统家具、红木家具的文化价值往往高于其实用价值。

然而,令人遗憾的是,长期以来在人们的观念中一直把家具只当作一种实用品来看待,因而埋没了家具的意义和价值,自然也在一定程度上阻碍了家具的发展。这种偏向更是在家具的鉴赏收藏方面造成了很大损失。直至近几十年,随着经济的发展、社会的进步、人民生活水平的提高和文化素质的普遍提高,人们才逐步认识到家具中所蕴涵的文化艺术价值,使家具的收藏鉴赏成为一种潮流,使家具研究成为一门学问,也迎来了家具发展的春天。

4. 什么是中式家具？

家具几乎是全世界各民族共同创造、共同拥有的财富。但因各民族历史、地域、文化的差异，家具风格也是多种多样、各具特色的。所谓中式家具是中国古典式样家具的简称。从广义上讲，泛指自商周以来历朝历代的家具。从狭义上讲，指的是明清式样家具。因为明清式样家具是中式家具的代表之作、巅峰之作，是中式家具的一个标志。因此，通常所说的中式家具，一般是指明清式家具。

浮雕龙纹罗汉床

带抽屉和底柜的多宝格

历·史·篇

以明清式家具为代表的中国古典家具，最为讲究功能的实用性、造型的艺术性、结构的科学性，也最具装饰功能，因而在世界家具史上占有重要地位，在世界家具之林中独树一帜。

中式家具的主要特点可以概括为以下几点。

第一，木质坚实、纹理雅致。中式家具在选材上极为讲究，且常常充分利用木材原有的纹理特点，挖掘木材本身的自然美。这也是红木为什么成为中式家具主要材料的重要原因之一。工匠们在用这些优质材料制作家具时，常常不再进行覆盖式的表面涂饰，而是用打蜡、上清油等方法，让木材本身的纹理、色调充分显现。

第二，比例匀称、结构谨严。严格的比例关系是家具造型的基础。典型的中式家具局部与整体的比例、图案与结构的形态关系都极为匀称而协调。如椅子、桌子等家具，其上部与下部，腿、面、靠背、搭脑的高低、长短、粗细、宽窄，几乎无可挑剔；并且与功能要求完全符合，没有多余的累赘；其各个部件的线条，挺拔秀丽，刚柔相济。

第三，设计科学、工艺精良。中式家具的结构设计，是科学和艺术的极好结合。中式家具最典型的连接方式——榫卯结构极具科学性。很多家具几乎不用一枚铁钉，其结构受空气湿度的影响较小。在跨度较大部件之间的连接处，常常镶以牙板、牙条、圈口、券口、矮老、霸王枨、罗锅枨、卡子花等，既美观，又加强了牢固性。正是因为中式家具科学的设计，很多流传下来的古代家具，虽经经年累月的磨损，仍然牢固如初。

第四，装饰合理、繁简适度。经过千百年的发展，中国家具艺人积累了大量的装饰经验，装饰技法也达到了相当高的水平，就装饰技法而言，镶、嵌、雕、镂、描，无所不能。

珐琅、螺钿、竹、牙、玉、石等装饰材料均能为我所用，然而，在具体的某件家具上，决不因为材料技法多样而随意堆砌或进行炫耀式的装饰，而是局部装饰服从整体，以衬托整体的简洁之美，真正做到锦上添花。

因为中式家具的迷人魅力，现代人在中式家具的基础上，又发展出了"中式现代家具"、"中式新古典主义家具"等概念。

一般来说，中式现代家具是指蕴涵中国文化，却用现代的手法和技术来表达的一种家具风格。是有别于中式家具，古典家具的新中式家具。

中式新古典主义家具，其实是对中式古典家具的简化和神似，而功能却是现代的。在传统美学的规范之下，运用现代的材质及工艺，去演绎传统文化中的经典精髓，使作品不仅拥有典雅、端庄的气质，并具有明显时代特征的设计元素。因此，新古典主义应该是古典与现代的完美结合物，它的精华来自古典主义，但不是仿古，更不是复古，而是追求神似。中式新古典主义家具一般颜色都较深，书卷味显得较浓。这类家具可以适应的环境多，一般居室只要装修简单，光线充足，就已基本具备配置这类家具的条件了。

历·史·篇

5. 中式家具是沿着怎样的脉络发展演化的？

人类在石器时代，生产方式多以狩猎和采集为主，生活方式是穴居和巢居。随着石器打制技术的不断进步，产生了原始编织业。"席"便是家具的原始形态。进入农业文明时代后，冶炼技术的进步和铁制工具的产生，使木材加工水平不断提高，从而产生了适应席地而坐的初级家具。

适应席地跪坐方式的低矮型家具主要在商周至秦汉时期使用。春秋战国时期，家具制作已使用斧、锯、凿、铲等金属工具，还用准绳进行测量。燕尾隼、凹凸隼、格肩隼等精巧结构在家具中已有运用。汉代、三国时期，家具的类型发展到了床、几案、屏风、柜、箱、衣架等很多种类。由于当时的习惯是席地而坐，家具一般很矮。另外，胡床在这时由西域传入中原，也影响着中原家具的造型发展。

随着生产力的发展，各民族文化的交融，特别是汉代之后受佛教文化的影响，经过魏晋至隋唐时期的过渡，到宋代已基本完成了由席地跪坐向垂足而坐的演变，家具也由低矮型向高足发展。

战国楚墓出土的漆彩绘虎座鸟架鼓

———— 唐代钱柜 ————

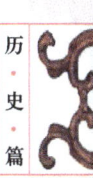

　　隋唐五代时期，家具的造型还受到了建筑技术发展的影响。垂足而坐的方式与席地而坐的习惯并存，相应地，出现了高低家具并存的局面，圈形扶手椅、长桌凳、腰圆鼓凳、靠背椅、顶帐屏床等新形式的家具制作日趋合理，尺度也与人体比例相协调，有些部位还施以曲线图案雕饰。两宋时期，垂足而坐的方式全面普及，床柜、桌椅、大案等高形家具已普遍流行。受建筑结构的影响，梁柱式框架结构的家具流行，桌面和腿面的交接处开始运用牙头装饰，束腰，马蹄脚形制均有出现，还较多使用装饰线。

　　经过两宋和元代的发展，到明代中式家具则开始进入成熟和定型时期。明代是中式家具发展的黄金时代。东南亚等地珍贵木材的引进使家具制作充分考虑自然纹理，少用漆饰，色彩沉稳、质地细腻，制作工艺和结构功能也达到前所未有

明唐寅临《韩熙载夜宴图》（局部）

唐代高逸图中的席

的高峰。对称式成套家具的概念已较为多见，如一桌两椅或四凳一组等。质地坚硬、耐强度高的珍贵木材形成了紧密的榫卯结构。圈椅、官帽椅、玫瑰椅、圆角柜、万历柜、翘头案、罗汉床等都是明代家具造型的典型款式。

清代主要分为三期，即初期承袭前代风格；中期形成清式家具的典型风格；晚期流行中西结合的家具。

我们可以概括性地梳理一下中式家具发展演化的脉络，大体有如下几点。第一，由低矮型向高足型发展；第二，由简单向复杂发展，而这种简单与复杂又是相对而言的；第三，

湖南长沙马王堆汉墓出土的莞席

由单一性向多样性发展,表现为:品类的多样性,同一品类在用料、规格、造型、纹饰上的多样性以及配套组合;第四,由注重功能性向讲究艺术性、讲究功能性与艺术性完美结合、讲究与整体环境的统一性发展。

宋徽宗《听琴图》中的琴桌

辽代木盆架

明代黄花梨云头纹方桌

清代酸枝木镂雕镶大理石双层几

6. 什么是红木家具?

家具也称"木器",主要是由各种木材制作。此外,也有竹藤家具、钢质家具、玻璃家具,还有少量石材家具,或各种材料兼而有之。商代青铜器十分发达,还曾出现过青铜家具。木质家具所用木材也很广泛,但大体可划分为红木类家具和柴木类家具。其中,所谓红木家具即以各种红木为材制成,与柴木类家具相比,是更为高档名贵的家具。也就是说,红木家具的定义,是从材质上划分的,至于造型、功能、做工等则与柴木类家具并没有什么本质区别。

在家具业内,红木家具也代表一种家具风格,不同于其他实木家具。一般认为,红木家具始于明代。其外观形体简朴对称,天然材色和纹理宜人。红木主要采用中国家具制造的雕刻、榫卯、镶嵌、曲线等传统工艺,德国学者G.Ecke

历·史·篇

辽宁义县出土的商代青铜板式俎

红酸枝透雕罗汉床

在《中国花梨木家具图考》中总结加工红木家具的三条基本法则是：非绝对必要不用销钉；在能避免处尽可能不用胶粘；任何地方都不用镟制，即不用任何铁钉和胶黏剂。所以红木家具的造型和工艺中明显的民族性是对许多收藏者最有吸引力的部分，很多人称红木家具为"人文家具"、"艺术家具"。

按照国家技术监督局的有关规定，所谓红木家具主要是指用紫檀木、酸枝木、乌木、瘿木、花梨木、鸡翅木制成的家具。除此之外的木材制作的家具都不能称为红木家具。这些被列入国家红木标准的名贵木材有些早已没有自然出产，其他的产量也很小。购买红木家具除了要面对高昂的市价，还必须随时提防充斥市场的假冒伪劣产品。

红木家具目前又分为全红木家具、主要部位红木家具和红木包覆家具三种。全红木家具是指产品所有木制零部件（除镜和镜托板、线条外）都采用红木制作；主要部位红木家具是指产品外表目视部位必须使用红木制作，内部及隐蔽处可使用其他深色名贵硬木或其他优质木材；红木包覆家具是指产品外表目视部位采用红木实板包覆，内部及隐蔽处可使用其他近似优质木材，但主要部位红木家具和红木包覆家具，应在提供的质量保证书中明示使用红木以外木材的具体部位。红木生长缓慢，资源奇缺，且呈逐年剧减趋势，有的已面临灭绝。我国产的红木不但树种极少，而且产量极低。国内生产的红木家具所用的红木，均从缅甸、泰国、越南、老挝等几个东南亚国家及印度、南美洲、热带非洲进口。随着国际环保呼声的日益高涨，这些国家相继采取严格的限制政策，因而进口渠道日益狭窄。届时，人们富裕了，想享受这豪华名贵的红木家具，恐怕也很难能买到了。

历 史 篇

红木家具在我国的明清时期达到鼎盛，无论是用材还是设计都曾走在世界前端。

红木扶手椅

7. 红木家具是如何产生和发展的？

人类历史上第一件以红木为材质的家具究竟产生于何时何地恐难考证。因此，我们这里所说的红木家具的产生与发展，是指红木家具作为家具中的一个门类、一个系列的产生与发展而言的，时间应当在我国明代。

明代之前，家具制作和髹饰技法，主要是油漆、雕画。河南信阳长台关出土的战国时期的漆木床，是我们目前能够见到的最早的中国家具实物。这张床是髹漆彩绘的，花纹华丽。此外还出土了漆案、漆几等。湖北随县曾侯乙墓也出土了战国漆器中的漆几、漆案，还有髹漆彩绘的衣箱。到了汉代，髹漆彩绘更是木质家具的主要特征，河南洛阳汉墓出土的漆案，长沙马王堆汉墓出土的漆几，扬州胡场汉墓出土的漆案，北京老山汉墓出土的漆案等都佐证了这一点。唐代，金漆镶嵌、螺钿镶嵌、彩绘等工艺，更是广泛地与家具相结合。南唐顾闳中绘《韩熙载夜宴图》、周文矩绘《重屏会棋图》，都有床榻、几案、桌椅等漆艺家具。至于宋代，据《方舆胜揽》、《清波杂志》、《癸辛杂识》等文献记载，金漆镶嵌，包括虎皮漆工艺被广泛应用于大件家具。宋代帝后像中描绘的椅子都有彩漆描绘的花纹。这类家具，业内称之为"漆艺家具"。这类家具的特点是打制木胎后，涂刮数道腻子，髹饰数道色漆，以黑、红色为主，也有其他颜色的，道道打磨平整。然后在漆胎之上以彩绘、镶嵌等工艺装饰。直到明代之前，这种漆艺家具在中式家具的宗谱里，始终独占鳌头。

到了明代，由于冶炼技术的发展提供了金属类优质材料从而出现了框架锯、刨子、凿子等工具。"工欲善其事，必先利其器"。先进的工具使家具的制作更加精密化，特别是刨子的出现，使木材表面的加工达到很高的平整度和光洁度成为可能。由此,彰显木材本色和天然纹理的实木类家具大量出现。可见生产工具是衡量生产力发展水平的一个重要尺度。

我们现在所说的"实木家具"这个概念,一是区别于不显露木材本色和天然纹理的漆艺类家具,二是区别于人造板家具,三是区别于不使用木材的家具,如竹藤家具等。

明代郑和下西洋后,特别是隆庆年间开放海禁之后,随着海外贸易的发展,紫檀木、花梨木、酸枝木等红木从东南亚、南洋群岛等地被大量引进中国,红木家具便逐渐取代漆艺家具而占统治地位。漆艺家具虽然在数量上相对减少,但在花色品种和艺术风格上却更加丰富多彩。同时在屏风、牌匾、器皿、仪仗、车轿、銮舆和室内外建筑装饰等方面,漆艺依然长期独占鳌头。

由此可见,明代木工工具的进步和海外贸易的发达,是红木类家具作为一大门类兴起和发展的重要原因。

此外,文化人的参与也是红木家具得以发展的重要原因。明代文人中唐伯虎、祝枝山、仇英、董其昌、周天球、高濂等名流雅士都对家具情有独钟。他们或亲自设计、描绘家具

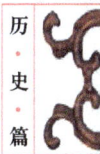

历·史·篇

河南信阳长台关出土的战国漆木床

图样，或著文阐述家具创作理论。例如，文震亨所著《长物志》在论述家具设置原则时讲道："位置之法，繁简不同，寒暑各异，高堂广榭，曲房奥室，各有所宜"。而且明代文人还大多崇尚自然古雅，反对繁雕缛饰。他们的美学理念在明代家具中得到了生动的体现，因而也使明式家具具有鲜明的文人气质。

在历史上，最有价值的如紫檀木等家具，一直被称为"硬木家具"。中国收藏家

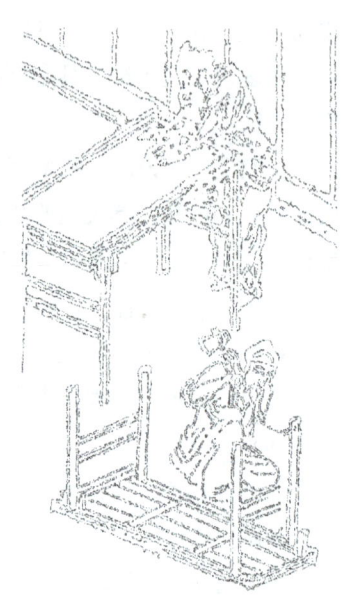

明代《鲁班经》见证了刨子的使用

协会家具收藏委员会秘书长张绍武介绍，明清时期，红木家具的制造工艺最为精湛，其中明朝的雕刻工艺比较简明，形象明快；清朝时期则比较复杂，但是各个朝代中，都是如下几种材质的家具最受到关注，即：紫檀木、黄花梨木、鸡翅木以及酸枝木，其中紫檀木家具最为珍贵。

8. 明式家具的基本特点是什么？

明式家具是我国明代至清代早期创制的以紫檀木、花梨木、酸枝木、鸡翅木等优质红木为材料的家具样式和风格的总称。

明式家具的一个重要突出之处是在材料、样式和制作工艺上与中国传统建筑的完美统一，使家具布置与建筑风格、室内装饰达到无与伦比的和谐，构成了有中国气派的建筑、

家具、装饰统一体的范例,并在适应人们日常生活需要的陈设格局上都很有讲究。这是中国传统家具进入实用性、科学性、艺术性、装饰性完美统一阶段的重要标志。

明式家具以造型古朴、典雅、俊秀,比例适度、结构严谨,洗练、大方、生动,以线条取胜、简洁明快、舒展流畅、富有韵律感和材质优良、做工精湛而著称于世。而且在造型与功能的设计方面科学合理,榫卯精密,坚固牢实。符合人体各部位的结构特征,舒适耐用,既有广泛的实用价值,又是巧夺天工的艺术品。

王世襄先生在《明式家具的"品"与"病"》一文中,高度概括性地提出了明式家具的十六品诀:简练、淳朴、厚拙、凝重、雄伟、圆浑、沉穆、秾华、文绮、妍秀、劲挺、柔婉、空灵、玲珑、典雅、清新。聂菲在《中国古代家具鉴

明代黄花梨有束腰十字枨长方凳

红木家具投资收藏入门

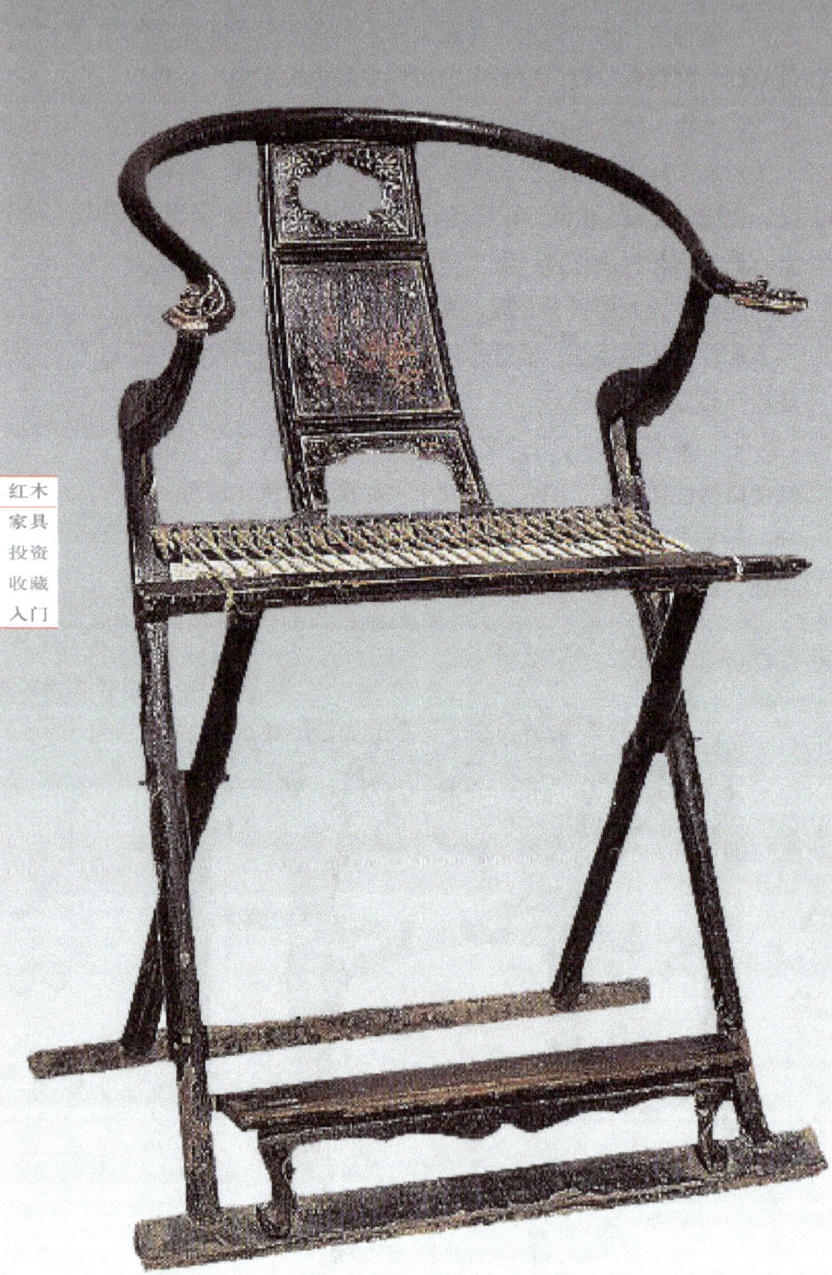

明代黄花梨透雕靠背交椅

赏》一书中对明式家具给予了四字的品评：古、雅、精、丽。

明式家具在美学和工艺学方面所取得的成就，对后世产生了深远的影响。

此外，明式家具在装饰线脚、雕刻、镶嵌方面都具有极高的审美价值和深厚的文化内涵。

在谈论明式家具的时候，要注意把它和明代家具的概念区别开来。不可否认，明式家具是以明代家具为代表的，但现在来看，明式家具更是一种样式和风格，后世按照这种样式和风格制作的家具，也可称"明式家具"。而明代家具专指明朝制作的家具，以做工精巧、造型优美、风格典雅著称于世，在国际上，明代被誉为"中国家具的黄金年代"。当时，工匠们将最优质的木材、完美的设计和精心的匠艺融会一体，制造出令西方人惊叹的"如谜一般完美"的家具，对后世家具的发展产生了深远的影响。

9. 清式家具的基本特点是什么？

清代家具在康熙朝以前基本保留着明代的风格。到乾隆时期，随着手工业、商业和文化事业的发展，家具的造型与风格在继承传统的基础上，又发生了很大变化，广泛吸收多种工艺美术技法，形成了清式风格，以设计巧妙、装饰华丽、做工精细、富于变化为特点。尤其是乾隆时期的宫廷家具，材质之优、工艺之精，达到了无以复加的地步。正是这一时期正式确立了清式家具的风格。

清式家具的特点，首先表现于用材厚重，家具的总体尺寸宽大，相应的局部尺寸也随之加大，形成稳定、浑厚的气势。其次是样式丰富，有床座榻、屏灯笼、箱橱柜、椅凳墩、桌几案等。例如新兴的太师椅就有多种式样，至于靠背、扶

红酸枝太师椅（带几）

手、束腰、牙条等新形式，更是层出不穷。再次是装饰华丽，奇巧多变，多采用雕刻、镶嵌、彩绘等技法；选材考究，做工精良，因而形成了稳重、威严、富丽、豪华的艺术风格。简言之，雕饰繁多，雍容华贵。清晚期又吸收外来文化，融会中西艺术。清式家具制作工艺也更为复杂，选用多种材料，采用多种工艺，讲究多种形式，巧妙地结合运用于家具的设计制作之中，有京作、广作、苏作之分，使清代家具完全系统化、风格化。

毋庸讳言，清代虽然出现过康乾盛世，但其时已是封建社会末世，奢靡之风日盛，因此使家具在朝着豪华富丽的方向发展的同时，也使清式家具产生了繁缛的弊端。尽管如此，仍有独到之处，不失较高的美学价值，也精品迭出。

有学者把清代家具从初期发展至形成"清式"成熟风格大致分成了以下三个阶段。

第一阶段是明式家具传承期。是指清朝初年至康熙初年。这一时期家具制作不论是科技还是工艺,都还在延续明代。在用材上,特别是宫中家具,常用色泽深、质地密、纹理细的珍贵硬木,仍以紫檀木为首选,其次是花梨木和鸡翅木。各种木料尽量不混用。为了保证外观色泽纹理的一致和坚固牢靠,有的家具采用一木连做,而不用小材料拼接。清初期,由于为时不长,特点不明显,没有留下更多的传世之作。

第二阶段是"清式"家具成型期。是指康熙末期直到嘉庆年。这一时期是清代社会稳定、经济繁荣昌盛的时期,是"清盛世"时期。随着社会发展、人民需要和科技的进步,清式家具逐渐形成特殊的、有别于前代的一些特点:造型上浑厚、庄重,装饰上求多、求满、富贵、华丽。

第三阶段是外来影响期。是指道光以后至清末。鸦片战争是清朝社会急剧衰败的转折点,此后,经济衰退,民生凋敝。同时,伴随着战争侵略,外国资本主义经济、文化、意识形

红酸枝写字台

态也大量输入，使中国自给自足的封建经济发生了急剧变化，外来文化也随之渗透到国民的意识之中。家具也深受影响，宫廷家具、沿海地区的家具所受外来影响最为明显。作为经济口岸的广东最突出，广式家具明显地接受了法国建筑和法国家具上的洛可可风格影响，追求女性的曲线美，过多装饰，甚至堆砌。木材也不求高贵，做工相对比较粗糙。

10. 什么是清式家具的三式？

中国传统家具发展到清代，不仅形成了别具一格的清式家具，而且产生了具有浓郁地方特色的不同艺术流派。艺术流派的产生，是艺术繁荣、日臻成熟的标志。家具艺术流派的产生，则标志着家具创作的繁荣景象。

清式家具的艺术流派有很强的地域性特点，以地域为划分标准，大致可分为苏式家具、京式家具、广式家具、宁式家具、徽式家具、扬州家具、湖南竹制家具、云南家具、晋式家具、湖北树根藤瘿家具、鲁作家具等十一派。

苏式条案

广式书案

然而，影响最为广远的，是被人们称作"三作"或"三式"的苏式家具、广式家具、京式家具。

苏式家具亦称"苏作"，主要指苏州及周围地区制作的家具。苏州地区人杰地灵，文人墨客辈出。家具制作中很多文人都亲自参与设计，使苏式家具有很深厚的文人气质。

苏式家具形成较早，制作传统家具的技术力量较强，其造型和纹饰较朴素大方，造型优美，线条流畅，结构合理，比例适度，雕琢细腻，圆润清丽，玲珑剔透。苏式家具的另一特点是用料节省，惜材如金，大件器物还多用包镶技法，即以柴木为骨架，外面粘贴红木薄板，技术要求很高，以致很难让人看出破绽。必须要说明的是，包镶本是一种工艺技术，而非作假。但经营者应如实告知消费者，否则就是作假。苏式家具常以紫檀、花梨等红木，以及榉木等柴木为主要材料。

举世闻名的明式家具即是以苏式家具为主，它以造型优美、线条流畅、用料及结构合理、比例尺寸适度等特点及朴素大方的格调博得了世人赞赏，进入清代以后，开始向繁缛转变。清代苏式家具既注重装饰又体现节俭，小料堆攒或贴皮包镶，即使镶嵌也充分利用材料。装饰题材多采用历代名人画稿及传统纹饰，如岁寒三友、山石花鸟、海水云龙、折枝花卉等很普遍，西洋花纹较少。一般以缠枝莲和折枝莲区别苏式与广式。

清代中期，由于广式家具发展迅速且得到宫廷及达官贵人的青睐，苏式家具不得不改变风格并汲取广式工艺，从而形成"广式苏作"。

广式家具亦称"广作"，是指南方广东地区，以广州为中心制作的一种独具特色的家具，盛于17世纪末至18世纪，是清代乾隆以来形成的讲究豪华风格的家具流派。

广式家具的制作，一方面继承了中国优秀的传统家具制作技艺，另一方面又大量吸收了外来文化艺术和家具造型手法，创造了具有鲜明风格和时代特征的家具样式。

———— 京式红木柜一对 ————

广式家具的特点，一是造型端庄稳重，用料粗大充裕，豪华大气；二是木质一致，一种家具均用一种木料制成；三是装饰花纹变幻无穷，雕刻深峻，刀法圆熟，线条流畅，磨工精细，既有来自西方的莲叶纹等纹样，也有中国传统的夔纹、海水云龙、凤纹螭纹等，镶嵌和玻璃油画艺术也被广式家具吸纳。

广式家具用料以酸枝木为主，也有紫檀木及花梨木等。为了显示红木的色质美和天然花纹，广式家具常被精心打磨后直接擦清漆，称之为"广漆"。

京式家具亦称"京作"，主要指清宫造办处生产的、具有宫廷风格的家具。京式家具大体介于广式和苏式之间，用料较广式要小，较苏式要实，从外表看，它与其他地区相比又有其独具的风格，它从皇宫收藏的夏商周三代古铜器和汉代石刻艺术中吸取素材，巧妙地装饰在家具上，根据不同造型的家具而施以各种不同形态的纹饰，显得古拙雅致。清代的京式家具，因皇宫贵族生活起居的特殊要求，造型上给人一种稳重、宽大、富丽、豪华及庄重威严的感觉。宫廷用器因追求体态，致使家具在用料上要求很高，常以紫檀为主要材料，亦有黄花梨、乌木、酸枝木、花梨木、楠木和榉木等。京式家具制作时为了显示木料本身的质地美，红木家具一般不用漆髹饰，而是采取传统工艺的磨光和烫蜡。

可见，京式家具的特点一是造型古朴大方、文静典雅；二是用料考究，做工精细；三是纹样题材广泛。除常见的龙凤纹饰外，以拐子纹、勾卷纹、兽面纹、螭纹、蟠纹、回纹等几乎无所不包

由于宫廷制作家具不惜工本和用料，装饰力求华丽，镶嵌金、银、玉、象牙、珐琅、百宝镶嵌等珍贵材料，非其他家具制造可比，使京作家具形成了气派豪华以及与各种工艺

品相结合的特点。也由于过分追求奢华和装饰,淡化了实用性,使很多京式家具仅仅成为一种摆设。

11. 隆庆开关与明代家具有什么关系?

隆庆是明朝第十二个皇帝明穆宗朱载垕的年号。明穆宗在位仅六年(公元1567~1572年),主要有两件事情对后世产生了很大的潜在影响,也大大影响了家具业的发展。其一是调整对北方蒙古地区的政策,改变了明王朝与蒙古地区长期敌视的状况,出现了有名的"俺答封贡",从此北方安定,边贸互市繁兴;其二是调整海外贸易政策,允许民间私人远贩东西二洋,史称"隆庆开关"。

隆庆开关使民间私人的海外贸易获得了合法地位,标志着明朝的对外交往从官府层面转向民间层面,使曾经为官方独占的海外贸易逐步让位给更加具有活力和发展前途的民间海外贸易,对明末资本主义萌芽的发展有很重要的意义。

周起元《东西洋考》序说:"……我穆庙(指明穆宗)时除贩夷之律,于是五方之贾,熙熙水国……捆载珍奇,故异物不足述,而所贸金钱,岁无虑数十万,公私并赖,其殆天子之南库也。"所谓"除贩夷之律",就是开放海禁允许私人海外贸易。此后,中外贸易额度大增,种类繁多,盛况空前,东南亚地区产出的优质硬木料如紫檀木、花梨木等得以大量输入我国,为明式硬木家具制作提供了充足的物质条件。海禁解除,这是明式硬木家具能在明代中期兴起的重要原因之一。

12. 明代家具出现的历史背景是什么?

明代社会稳定,农业和手工业发达,经济发展很快。工匠获得更多的自由，尤其是明中后期，商品丰富，流通渠道广泛，外贸开放，从而使大城市、城镇经济迅速兴起，尤以江南与南海地区最为显著，一批手工业型、商业型、港口型市镇迅速发展起来。在经济发展、城镇繁荣的基础上，社会财富急剧增长，追求享乐、竞尚奢华的风气流行。而手工业的发展又给人们带来前所未有的便利和享受。"百货充溢，宝藏丰盈，服御鲜华，器用精巧，宫室壮丽，此皆百工所呈能而献技"，"人情以放荡为快，世风以奢靡相高，虽逾制犯禁不知忌也。"（张瀚《松窗梦语》）。当时社会文化消费的增长很快，各种文化风俗活动的盛况均超出前代。这是明式家具出现的主要经济和社会背景。

从明代中期起，民居建筑和私家园林修建进入繁盛期，贵族、富商们新建成的大量建筑和园林需要高档次家具来陈设，这就形成了对于家具的大量需求。社会对家具的需求，也促进了家具制造业的发展。

郑和下西洋，从盛产高级木材的南洋诸国运回了大量的花梨、紫檀等高档木料。隆庆年进一步开放民间海外贸易，这也为明代家具的发展创造了有利的条件。

明代的一批文化名人，热衷于家具工艺的研究和家具审美的探求，他们的参与对于明代家具风格的成熟起到一定的促进作用。

明代中期，硬木家具流行起来，并逐渐成为时尚，进一步促进了明式家具的发展。通过范濂《云间据目抄》的记载，我们可以清楚地了解这一发展的过程："细木家伙，如书桌禅椅之类，余少年曾不一见。民间止用银杏金漆方桌。自莫廷韩与顾宋两家公子，用细木数件，亦从吴门购之。隆、万以来，虽奴隶快甲之家皆用细器，而徽之小木匠，争列肆于郡治中，即嫁妆杂器，俱属之矣。纨绔豪奢，又以榉木不足贵，凡床厨几桌，皆用花梨、瘿木、乌木、相思木与黄杨木，极其宝贵，动费万钱，亦俗之一靡也。尤可怪者，如皂快偶得居止，即整一小憩，以木板装铺，庭蓄盆鱼杂卉，内则细桌拂尘，号称'书房'，竟不知皂快所读何书也！"

王士性《广志绎》也讲道："姑苏人聪慧好古，亦善仿古法为之……又如斋头清玩，几案床榻，近皆以紫檀花梨为尚。尚古朴不尚雕镂。即物有雕镂，亦皆商、周、秦汉之式。海内僻远，皆效尤之，此亦嘉、隆、万三朝，始盛。"

此外，明代流行收藏文人画及古玩杂项，出版了多部古玩典籍，包括董其昌的《古董十三说》、曹昭的《格古要论》、文震亨的《长物志》等，也对明代家具的发展产生了重要影响。

红木家具投资收藏入门 [材质篇]

13. 什么是红木？

红木一开始与某一树种没有多大关系，只是明清以来对在一定时期内出现的呈红色的优质硬木的统称，包括花梨木、酸枝木、紫檀木等，它们呈不同程度的黄红色或紫红色。人们无意去辨别它们是什么树种时，便以一种约定俗成的习惯去称呼它们为"红木"。

——— 红木心材和边材颜色明显不同 ———

要给红木下一个准确、清晰、严谨、科学的定义，还真不是一件容易的事情。这是因为时代不同、地区不同，对红木的称谓有着不同的理解，包括业内专家也有不同看法。

例如，以北京为代表的北方地区，通常称酸枝木为"红木"。包括酸枝木在内的紫檀木、花梨木、鸡翅木等质地硬度较高的材种，统称为"硬木"。而在南方一些地区，也曾只将酸枝木称为"红木"，清末之后才将其广义化。又如，著名古典家具专家胡德生先生认为："古典家具的材质可分为软木和硬木"。他还认为："红木之名既无科学性，也无学术性。它是一些人对各种木材认识不清的情况下,形成的笼统名称,属于外行语言"。另外,《古玩指南》一书第二十九章说:"凡木之红色者均可谓之红木。唯世俗所称红木者,乃系木之一种专名词,非指红色木也。说红木乃系之一种专名词,究竟是何等模样树木,没有确切的说明"。可见,"红木"一词,确实值得商榷。

笔者认为,由宋建文先生主编、由胡德生先生担任顾问的《中国古典家具收藏与投资全鉴》一书,对红木的定义讲得比较透彻。他们认为:"红木国家标准已有明确定义,但在红木家具的收藏、鉴定方面及贸易活动中不可能将五属八类三十三个树种都称为'红木',这在实践中引起了很大混乱,红木的定义从两方面来理解:广义的红木,也就是红木国家标准中五属八类三十三个树种;狭义的红木,专指酸枝木"。

材·质·篇

14. 红木包括哪些材种?

2005年5月19日国家质量技术监督局发布的红木国家标准是从心材、密度、结构和材色等方面,将红木划分为两科五属八类三十三种。两科:豆科、柿树科。

紫檀木家具局部

《红木》国家标准中五属八类三十三个树种列表

属	类	树　种
紫檀属	紫檀木类	1. 檀香紫檀（*Pterocarpus santalinus L.F.*）主产于印度南部。英文商品名 red sanders, red sandalwood
	花梨木类	1. 越柬紫檀（*Pterocarpus cambodianus Pierre*）主产于越南、柬埔寨、泰国。英文商品名为 Vietnampadauk, thonong
		2. 安达曼紫檀（*Pteroearpus dalbergioides Benth.*）主产于印度安达曼群岛。英文商品名为 Andaman padauk, Andaman redwood, vermilion
		3. 刺猬紫檀（*Pterocarpus erinaceus Poir.*）主产于热带非洲。英文商品名为 ambila
		4. 印度紫檀（*Pterocarpus indicus Wiild.*）主产于印度、缅甸、菲律宾、巴布亚新几内亚、马来西亚及印度尼西亚，中国广东、广西、海南及云南引种栽培。英文商品名为 amboyna, Burmacoast padauk, sena, Manilla padauk, narra
		5. 大果紫檀（*Pterocarpus macarocarpus Kurz*）主产于缅甸、泰国和老挝。英文商品名为 Burma padauk, pradeo, may dou
		6. 囊状紫檀（*Pterocarpus marsupium Roxb.*）主产于印度。英文商品名为 bi jasal, narra, padauk
		7. 鸟足紫檀（*Pterocarpus pedatus Pierre*）主产于东南亚中南半岛。英文商品名为 maidu
黄檀属	香枝木类	1. 降香黄檀（*Dalbergia odorifera T.Chen*）主产于中国海南。英文商品名为 scented rosewood
	黑酸枝木类	1. 刀状黑黄檀（*Dalbergia cultrata Grah.*）主产于缅甸。英文商品名为 Burma blackwood, Indian cocobolo
		2. 黑黄檀（*Dalbergia fusca Pierre*）主产于东南亚及中国云南。英文商品名为 black rosewood, yinzat

(续表)

属	类	树　种
黄 檀 属	黑酸枝木类	3．阔叶黄檀（*Dalbergia latifolia* Roxb.）主产于印度、印度尼西亚的爪哇。英文商品名为 Indian rosewood, sonkeling, sonobrits, Bombay blackwood, rosewood, java-palisandre, angsana keeling
		4．卢氏黑黄檀（*Dalbergia louvelii R. Viguier*）主产于马达加斯加。英文商品名为 Bois de rose
		5．东非黑黄檀（*Dalbergia melanoxylon* Guili. &Perr.）主产于非洲东部。英文商品名为 African blackwood, Mozambique ebony, African rosewood
		6．巴西黑黄檀（*Dalbergia nigra Fr. Allem.*）主产于巴西。英文商品名为 Brazilian wood, jacaranda
		7．亚马孙黄檀（*Dalbergia spruceana Benth.*）主产于巴西。英文商品名为 jacararda, Brazilian rosewood
		8．伯利兹黄檀（*Dalbergia stevensonii Tandl.*）主产于伯利兹。英文商品名为 Honduras rosewood, hogaed
	红酸枝木类	1．巴里黄檀（*Dalbergin bariensis Pierre*）主产于热带亚洲。英文商品名为 neans nuon
		2．赛州黄檀（*Dalbergia cearensis Ducke.*）主产于巴西。英文商品名为 kingwood, violetta, violetwood
		3．交趾黄檀（*Dalbergia cochinchinensis Pierre*）主产于泰国、越南和柬埔寨。英文商品名 Siam rosewood, paying, trac, kranghung
		4．绒毛黄檀（*Dalbergia frulescens var. tomentosa Tndl.*）主产于巴西。英文商品名为 Brazillan tulipwood, pinkwood
		5．中美洲黄檀（*Dalbergia granadillo Pittier*）主产于墨西哥等国。英文商品名为 cocobolo

材·质·篇

(续 表)

属	类	树 种
黄檀属	红酸枝木类	6. 奥氏黄檀（*Dalbergia oliveri* Gamb.）主产于缅甸、泰国和老挝。英文商品名为 Burma tulipwood, chingchan, tamalan
		7. 微凹黄檀（*Dalbergia retusa* Hesml.）主产于中美洲。英文商品名为 cocobolo
柿属	乌木类	1. 乌木（*Diospyros ebenum* Koenig）主产于斯里兰卡及印度南部。英文商品名为 Ceylon ebony, Eastindia ebony, ebony
		2. 厚瓣乌木（*Diospyros crasstJlora l-lern*）主产于热带西非。英文商品名为 African ebony, black ebony, African persimmon
		3. 毛药乌木（*Diospyros pilosanthera* Blanco）主产于菲律宾。英文商品名为 bolong-eta
		4. 蓬塞乌木（*Diospyros poncej* Merr.）主产于菲律宾。英文商品名为 ponce's kamagong
	条纹乌木类	1. 苏拉威西乌木（*Diospyros celehica* Bakh）主产于印度尼西亚苏拉威西岛。英文商品名为 macassar ebony, ebony, toetandu
		2. 菲律宾乌木（*Diospyros philippensis* Gurke）主产于菲律宾。英文商品名为 kamagony
崖豆属	鸡翅木类	1. 非洲崖豆木（*Millettia laurentii* De Wild）主产于非洲刚果盆地。英文商品名为 wenge, bokonge, awoung, uson-so
		2. 白花崖豆木 *Millettia leucantha* Kurz (*M.pendula* Bak.) 主产于缅甸和泰国。英文商品名为 thinwin, theng-weng, sothon
铁刀木属		3. 铁刀木（*Cassia siamea* Lam.）主产于东南亚、中国云南、广东普遍引种栽培。英文商品名为 siamese senna

乌木镇纸

红木是指这五属八类木料的心材,即树木的中心、无生活细胞的部分。除此之外的木材制作的家具都不能称为红木家具。

红木多产于热带亚热带地区,我国广东、云南有引种栽培。木材心、边材区别显明,边材狭,灰白色;心材淡黄红色至赤色,曝露于空气中时久会变为紫红色。木材花纹美观,

材·质·篇

明式鸡翅木雕刻

材质坚硬，耐久，为贵重家具及工艺美术品等用材。

红木的优点主要有以下四个方面。

第一，颜色较深，多体现出古香古色的风格，适用于传统家具。

第二，木质较重，体量厚重。

第三，很多红木材种本身都能散发出香味，尤其是檀木。

第四，材质较硬，强度高，耐磨，耐久性好。

红木的缺点主要有以下五个方面。

第一，因为产量较少，所以很难有优质树种，质量参差不齐。

第二，纹路与年轮不清晰，视觉效果不够清新。

第三，材质较重，不容易搬运。

第四，材质较硬，加工难度高，而且容易出现开裂的现象。

第五，材质比较油腻，高温下容易返油。

花梨木雕花盒

明式－红酸枝木官皮箱

材·质·篇

15. 家具常用红木有哪几种？

红木虽然种类繁多，但家具常用红木主要是紫檀木、花梨木、酸枝木、鸡翅木、铁力木、乌木等。瘿木是一种特殊材种，但也被常用于红木家具之中。

紫檀木是红木中的极品。其木质坚硬，色泽紫黑、凝重、手感沉重。年轮成纹丝状，纹理纤细，有不规则蟹爪纹。

酸枝木俗称"老红木"。木质坚硬沉重，经久耐用，能沉于水中，结构细密，有柠檬红色、深紫红色、紫黑色条纹，

红木家具投资收藏入门

紫檀木雕刻

加工时散发出一种带有酸味的馨香，故名。

乌木颜色乌黑发亮，结构细密凝重，有油脂感。乌木多用于制作筷子、墨盒之类小件，少见用于制作家具。

瘿木是树木形成瘿瘤后的木材，按树种分为桦木瘿、楠木瘿、花梨木瘿、酸枝木瘿。瘿木的纹理曲线错落，美观别致，是最好的装饰材料。在家具上大多用作表面包、镶的材料，如民间就有"红台子瘿木面"的说法。

花梨木又称"香红木"，与酸枝木构成相近，其木质坚硬，色呈赤黄或红紫，纹理呈雨线状，色泽柔和，重量较轻，能浮于水中，形似木筋。目前市场上的红木家具以花梨木居多。

鸡翅木木质坚硬，颜色分为黑、白、紫3种颜色，形似鸡翅羽毛状，色彩艳丽明快。但因木内含有细微沙砾等杂质，难以加工，宜做装饰边角材料。市场上很难见到成套的鸡翅木家具。

材·质·篇

乌木茶桌

———— 鸡翅木茶盘 ————

———— 楠木瘿茶桌 ————

———— 草花梨木柜 ————

16. 紫檀木的基本特征是什么？

紫檀木主要产于南洋群岛热带地区。我国广东、广西也产，但数量不多。紫檀生长缓慢，数百年乃至上千年方能成材，数量稀少，且有"十檀九空"之说，因而愈显珍贵。紫檀木质地致密、坚重，相对密度大，入水而沉。有清香气味。呈紫黑色，有蟹爪纹。纹理纤细生动，变化无穷。紫檀有大叶檀和小叶檀之分。小叶檀与大叶檀相比，纹理更加细腻生动，细如牛毛，称为"牛毛纹"。紫檀又有鸡血紫檀和金星紫檀之别。鸡血紫檀木色紫中带红，其红酷似鸡血。而金星紫檀

紫檀木关公像

材·质·篇

紫檀木切面纹理

棕眼中有闪光金星。以紫檀木制作的家具,具有稳重大方、穆然沉古的气质和风度。

紫檀木又分老紫檀木和新紫檀木。老紫檀木呈紫黑色,新紫檀木呈褐红色、暗红色或深紫色。都有不规则的蟹爪纹。紫檀木的特征主要表现为颜色呈犀牛角色泽,它的年轮纹大多是绞丝状的,尽管也有直丝的地方,但细看总有绞丝纹。紫檀鬃眼细密,木质坚重。

鉴别新老紫檀的方法:新紫檀用水浸泡后掉色,老紫檀浸水不掉色;在新紫檀上刷颜色擦不掉,老紫檀刷上颜色一擦就掉。

17. 花梨木的基本特征是什么?

花梨木又名"花榈",其木纹像鬼面,又像狸斑,故又名"花狸"。花梨木产于越南和我国广东、广西。质地坚硬,肌理细腻生动,如行云流水,散发清香。不静不喧,色泽稳重优美,呈棕黄色或棕红色。晶莹透亮,温润如玉,是花梨木的一大主要特征。木节的花纹,圆润如钱,鲜艳清晰,十分动人,俗称"鬼脸",甚是可爱,是花梨木的又一大特征。

花梨木有新花梨和老花梨之分。老花梨又称"黄花梨木",颜色由浅黄到紫赤,纹理清晰美砚,有香味。新花梨的木色显赤黄,又称"草花梨",纹理色彩较老花梨稍差。老花梨木花纹拳曲,嫩花梨木纹样相对笔直。从材质的细腻生动角度讲，黄花梨胜于草花梨，且以海南黄花梨为上品。明清时期，尤其是明代的高档家具多用黄花梨制作。以花梨木制作的家具，具有高贵典雅、富丽清新的风韵。黄花梨是明代家具的首选用材，它有着浓浓的书卷气，最适合做书斋家具，符合文人雅士所追求的安详、舒适的感觉。有学者将花梨木主要特征归纳为以下几点。

第一，带状条纹。花梨木纹较粗，纹理直且较多，心材呈大红、黄褐色和红褐色，从纵切面上看带状长纹明显。

第二，交错纹理。花梨的纹理呈青色、灰色和棕红色等，并且几种颜色交错分布。

第三，偏光。从花梨的切面看折射的光线，只有一个角度可看到折射的光线最亮最明显，而其他角度则不明显，这是偏光现象。

材·质·篇

第四，鬼脸。花梨也有鬼脸，据《广州志》记载："……其纹有若鬼面，亦类狸斑……"。圆晕如钱，大小相错。

第五，牛毛纹。花梨因产地不同，木质也有很大差别，

花梨木盒面

—— 黄花梨径切面纹理

有的质地较细密，有的质松，但从弦切面上看，都能明显地看到类似牛毛的木纹。

第六，荧光。花梨中有一层淡淡的荧光，如果把一小块花梨放到水中就能发现，水里会漂有绿色物质，这种物质能发出一种荧光。如果是下雨时淋湿了堆放的花梨木，从流出的雨水中也能看到这种荧光。

第七，檀香味。凑近花梨用鼻子闻一闻，可闻到花梨也有一股檀香味，味很香，但比降香黄檀的香味要淡。

18. 酸枝木的基本特征是什么？

酸枝木大体分为三种：黑酸枝、红酸枝和白酸枝。它们的共性是在加工过程中发出一股食用酸的味道，故名。酸枝之名在广东一带沿用较广，长江以北多称此木为"红木"。在三种酸枝木中，以黑酸枝木为最好，其颜色有紫褐或紫黑，木质坚硬，抛光效果好。有的与紫檀木极接近，常被误认为是紫檀。但大多数纹理较粗，不难辨认。红酸枝纹理较黑酸枝更为明显，纹理顺直，颜色大多为枣红色。白酸枝颜色要浅得多，色彩接近草花梨，有时极易与草花梨相混淆。

在红木类家具中，酸枝木类数量最多。以酸枝木制作的家具，具有古朴典雅、端庄稳重的气势。

红酸枝作为家具木材，始于清代中期。当时，紫檀（檀

———— 黑酸枝木切面纹理　　　　———— 红酸枝木切面纹理

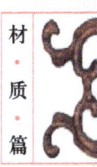

材·质·篇

香紫檀)和黄花梨(降香黄檀)日渐难求,开始从东南亚一带进口替代木材,称"紫榆"。因散发酸香气,广东人称之为"酸枝"。又因颜色大多为枣红色,长江以北地区多称之为"红木"或"老红木",也就是现在的红酸枝木类。红酸枝木的木质仅次于檀香紫檀,优于鸡翅、花梨。红木国家标准规定,红酸枝木类有如下四个必备的条件:首先,为黄檀属(Dalbergia)树种;其次,木材结构细至甚细,平均管孔径向直径不大于200微米;第三,木材含水率12%时气干密度大于0.85克／厘米^3;第四,木材心材红褐色至紫红色。

红酸枝木与黑酸枝木的区别就在木材心材的颜色上,黑酸枝木的材色栗褐色,常带黑色条纹。但红酸枝木的材质有所不同,心材材色有深有浅,材色分为偏红色系和偏褐色系。

偏红色系的红酸枝木:心材新切面柠檬红、红褐至紫红褐色,常带明显黑色条纹,相对密度大,气干密度1.0克／厘米^3,主要产地为中南半岛。心材材色也是有深有浅,色浅的偏黄色,纹理较直。市场上多见的红酸枝木纹理较直,有局

——上蜡后的老酸枝木纹理

部似黑酸枝木的栗褐色条纹，业内有人称之为"绿筋"，就像人皮肤下的青筋——血管。质优的久置后木色变深，呈深枣红色至紫红色，色泽颇似檀香紫檀，木质细腻不亚于卢氏黑黄檀，为红酸枝木的上品。

偏褐色系的红酸枝木：心材新切面紫红或暗红褐色，常带黑褐或栗褐色细条纹，产于东南亚。质优的心材紫红色或暗红褐色，弦切面带似黄花鱼腹部鱼皮纹。红酸枝木中还有纹理特别的类型。有弦切面带似肌肉纤维一样的浅色条纹，略似鸡翅木"V"形纹理的；也有弦切面花纹扭曲夸张艳丽的。

——黑酸枝木半圆桌

19. 鸡翅木的基本特征是什么？

鸡翅木分布较广，主要产于非洲、东南亚和我国广东、广西、云南、福建等地。据圆明园造办处《活计档》中记载，这是一种特别珍贵的木材，得到它比较难，在圆明园所用木材中鸡翅木的用量比紫檀、黄花梨还要少。这种木材在明代的用量更少。

鸡翅木即"鸂鶒木"，又称作"杞梓木"。它有一个别名叫"红豆木"，又叫"相思木"。其质地坚硬细密，纹理白质黑章，有紫褐色深浅相间的蟹爪纹，酷似鸡翅膀，故名鸡翅木。鸡翅木经过打磨抛光之后，很像铁力

———— 鸡翅木切面纹理 ————

鸡翅木雕花

木，但是它没有棕眼。也有的形成颇似山水云层的风景画，纤细浮动，如行云流水，变幻无穷。因而以鸡翅木制作的红木家具，给人以清新明快，气韵生动的艺术享受，历来深受文人雅士和广大消费者喜爱。

20. 铁刀木、铁力木的基本特征是什么？

铁刀木和铁力木常常被人混淆，实际上两者并非同一种属。铁刀木属红木国家标准的种属之一。

铁刀木又名"泰国山扁豆"、"孟买黑檀"、"孟买蔷薇木"。因材质坚硬刀斧难入而得名，广布于热带、亚热带及温带地区。中国福建、台湾的南部，广东的广州市，海南，广西南部，云南南部和西部也有种植

铁刀木属散孔材，纹理直，结构略粗，材质中等至坚重。边材黄白色至白色，心材暗褐色至紫褐色，露在大气中呈黑色，又称"黑檀"。心材坚实耐腐、耐湿、耐用，为建筑和制作工具、家具、乐器等良材。又因易燃、火力强、生长迅速，且萌芽力强，故也是良好的薪炭林树种。

铁力木又称"铁梨木"、"铁棱木"。铁力木主要产于我国广东、广西一带。其木质坚硬而沉重。心材初为黄色，用之则黑，髓线细美。铁力木树干高耸，径级宽大，是其一大特点，故常用于制作大件家具。铁力木的纹理、色彩与鸡翅木极为相近，有时不仔细辨别难以分清。根据有关学者的归纳，铁力木家具的特点主要体现在以下几个方面。

第一，用材宽松。因铁力木价廉易得，又属大型树种，所以铁力木家具一定不惜材料，独板案子常见，故宫所藏翘头大案即为代表。一般硬木家具一定要计算材料成本，而铁力木家具似乎不考虑这些，面板大边一般宽硕，桌案中常见

铁力木切面纹理

铁刀木切面纹理

材·质·篇

独芯板，从不将就材料。

  第二，极少雕刻。铁力木纤维粗长而不易切断，横向走刀极易起茬，而且纤维跳出木质，俗称起"毛刺"，遇到这种情况连磨光都很不易。粗韧的木性使工匠对铁力木雕刻望而却步，但又不能将所有铁力木家具都做成素的，在必须起阳线，或稍事雕工时，工匠一定将纹饰留粗，这种粗阳线在其他硬木家具中从未见过。

  第三，做工古拙。铁力木家具的历史很悠久，其做工中许多手法一看就很古老，铁力木家具的变化似乎比其他家具要慢一些，地域褊狭是主要原因，展现自我，恐怕是另一原因。

59

清代铁力木南官帽椅

21. 乌木的基本特征是什么？

乌木又称"巫木"，我国云南、海南等地区也有出产。乌木并非指某一特定树种，而是黑色木材的总称。明末方以智《通雅》注曰："木生水中黑而光，其坚若铁"。可见乌木可分数种，木质也不尽一样，有沉水与不沉水之别。乌木的特点是坚实如铁，光亮如漆，略似紫檀，老者纯黑色。但因乌木性脆，又少有大料，故在红木家具中，乌木类家具相对较少，或与其他木种结合使用。

还有一种说法认为乌木是川人对阴沉木的俗称，并非是地面上活的黑色木料。它是两千年至万年前，古四川地域自然环境发生变化，由地震、洪水、泥石流将地上动植物等全部埋入古河床等低洼处。一些埋入淤泥中的树木，处于缺氧、高压状态，在细菌等微生物的作用下，经过数千年甚至上万年的炭化过程而形成，故又称"炭化木"。能够形成乌木的树种繁多，有：麻柳树、青冈树、香樟树、楠木（金丝楠木、小叶楠木）红椿木、马桑、黄柳木、黄柏、槐木、檀木等。一般带有香味和杀菌特征的树种才能形成乌木。

材·质·篇

乌木径切面纹理

条纹乌木切面纹理

———— 乌 木 梳 ————

22. 瘿木的基本特征是什么？

瘿，"树瘤也、树根。"（《格古要论》）瘿木又称"影木"，产于辽东、山西、四川等地。瘿木非指某一树种，而是指树根部位结瘤，或树干结瘤部位的木材。此种木材纹理特殊，效果奇异，历来受人喜爱。

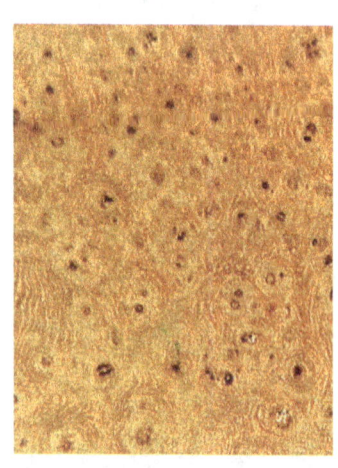 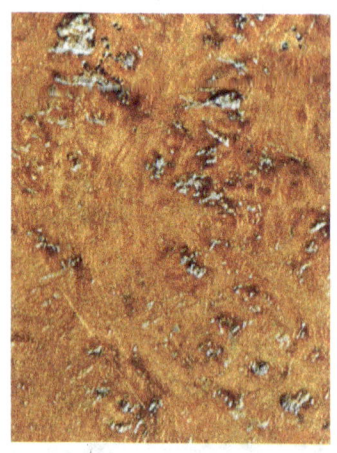

———— 瘿木切面纹理 ————

花梨瘿

楠木瘿

瘿木，实指木质纹理的特征。其纹理颇似山水人物、鸟兽、葡萄等。非具象而抽象，非形似而神似，亦真亦幻，美妙无比。又因其数量稀少，愈显珍贵。常见的有楠木瘿、樟木瘿、花梨木瘿、榆木瘿等，大块者多取自根部，取自树干部位的当属少数。瘿木多用于桌面、椅面、椅背和柜面的板心。

不同树种的瘿木，呈现不同的花纹。

楠木瘿：木纹呈山水、人物、花木、鸟兽状。

桦木瘿：俗称"桦树包"，呈小而细的花纹，小巧多姿，奇丽可爱。

花梨瘿：木纹呈山水、人物、鸟兽状。

柏木瘿：呈粗而大的花纹。

榆木瘿：花纹又大又多。

枫木瘿：花纹盘曲，互为缠绕，奇特不凡。

瘿木一般很少见到大料，仅有《博物要览》卷十载："余昔于重庆余子安家得桌面，长一丈一尺，阔二尺七寸，厚一寸许，满面胡花，花中结小细葡萄纹及茎叶之状，名满架葡萄。"现在我们所见的传世家具中，瘿木只作镶板使用。

目前市场上以花梨瘿木居多，紫檀瘿极少，花梨瘿用手急速摩擦有香味，紫檀则没有或很淡，几乎闻不出来。

瘿木的极品是金丝楠瘿，犹如满面胡花，花中结小细葡萄纹及茎叶之状，名为"满架葡萄"，非常典雅。

23. 香枝木与黄花梨之间是何种关系？

花梨或花梨木最初是海南人对当地所产降香黄檀（*Dalbergia odorifera*）（国产两种珍稀红木树种之一，俗称"牛角木"，曾用名"黑檀木"，现红木国家标准中归香枝木类）的通称，现广东及广西南部也有栽培。

在家具行业（包括旧家具收藏），黄花梨一名主要是指旧家具收藏中的文物家具用材。现在除少量用旧料（如旧门窗、房梁等）改制古典家具外，木材市场上已无商品材可供（降香黄檀属国家保护植物，早已禁止砍伐）。所以，给黄花梨改名是为了规范当前红木家具生产所用商品材料名称，使之区别于古家具。

越南香枝木碗

黄花梨大笔筒

"香枝"一名最早出现在广州木业界,原指我国特有的降香黄檀树种之木材,为区别另一类进口木材"酸枝木",故又有"土酸枝"之名。广东家具行业中通常称其为"降香木"(药用名"降香")。

从木材种属上来看,黄花梨所指就是海南香枝(降香黄檀),但黄花梨在商业领域有乱用之势,有人把香枝木、酸枝木的其他种属树种也称作"黄花梨"。显然,国家标准的编制者在红木国家标准中用香枝木代替黄花梨,主要是希望结束黄花梨家具用材树种名称之混乱现象,促进红木家具行业健康发展。

24. 哪种红木品质最好?

一般来说,木材的品质应该与其物理性能直接相关,比如以木材的大小和曲直,木质的硬度和重量,木色的品相和纹理,木性的坚韧和细密,纤维的粗细或松紧以及是否防腐、防蛀,有无香味等为标准,但因为红木中有很多是名贵木材,其中的一些种属已经绝迹或者即将绝迹,所以物理特性对衡量其价值来说可能不是最重要的。从收藏的角度来看,红木的品质显然与其能否增值有关。

黄花梨、紫檀木显然是红木中的极品。黄花梨指的是我国海南黄花梨(降香黄檀),紫檀木指的是印度紫檀。用这两类木材制作的成型家具几乎都已进入收藏拍卖市场,价格极为昂贵。这两类木材因为成材极慢,现在能用来制作家具的材料已基本绝迹。我国海南黄花梨幼树目前直径只有几厘米,要成材估计还需好几百年,成套黄花梨家具(卧房、书房、客厅),可能是非洲"紫檀"或是其他高档红木(黑酸枝)的替代品。

黑酸枝、乌纹木(也称"黑檀木")、非洲紫檀木稍次,但也是相当贵重的红木。

用这些木材制作的家具是目前一般市场所能见到的顶级红木家具。由于东南亚紫檀木已经绝迹，市场上往往把黑酸枝称为"紫檀木"。另外，市场上还有一种非洲紫檀木，因为非洲紫檀木成材时间稍短，其价值常常不被红木家具专家所认同，但作为绝版的黄花梨、紫檀木的替代品之一，非洲紫檀木还是较有竞争力的。

红酸枝作为中国传统意义上的老红木，其价值也不可否认。东南亚所产的红酸枝，在我国传统家具中使用非常广泛，高档红酸枝家具在市场上数量也不多。其他酸枝木，比如东南亚的黄酸枝、白酸枝，包括市场认同度较差地区出产的红酸枝（非洲南部、南美南部），也是中国红木家具的主流产品，为中档红木家具。在中国红木家具的历史上，酸枝木的"红木"地位从来没有动摇过。

红木家具投资收藏入门

东南亚花梨木、鸡翅木、豆科类的红檀木以及南美、非洲白酸枝等，在品质和价格方面都要优于南美和非洲的普通酸枝木。

南美、非洲的花梨木虽然并非严格意义上的红木，这类木材制作的家具虽传世收藏价值不高，但也经久耐用，能满足一般消费者拥有一套红木家具的消费心理。

25. 什么是老红木？

老红木，顾名思义是经历时间很长的红木。

我国传统意义上的红木在红木国家标准中应为酸枝木类的一种，即交趾黄檀。主要产于老挝、泰国等东南亚国家。我国在清末民初之前，广西、云南等地也有，但现在能用作家具制造的成型树木基本上绝迹了。其木质坚硬、细腻，可沉于水，一般要生长数百年以上才能使用，色泽紫红，纹理清晰富于变化，结构细密。它区别于其他木材的最明显之处在于其木纹在深红色中常常夹有深褐色或者黑色条纹，给人以古色古香的感觉。其木材幅宽较大，棕眼细长，相对密度介于紫檀和黄花梨之间。

老红木切面

老红木专指红木在砍伐后又经过了上百年的红木。现在的老红木一般指清代中期从南洋进口的红木。

因为老红木饱含蜡质，只需打磨擦蜡，即可平整润滑、光泽耐久，给人一种淳厚的含蓄美。因此用老红木制作的家具一般同紫檀一样采用打蜡进行防护，而不是用漆。

正因为老红木的许多性能，如富含蜡质、紫红色泽，近似于紫檀，因此老红木和黄花梨、紫檀并列为明清时期宫廷的三种专用木材。

之所以有老红木的说法，就是因为砍伐后的长年累月间，红木的内部结构也悄悄地发生着变化，结构会越来越紧密，硬度和相对密度越来越高，抗变形能力也越来越强。表现在色彩、纹理等特性上与新红木也有很大差别。

一般来说，老红木颜色较深，大多呈紫红色，有的色彩近似紫檀，只是颜色较浅一些，纹理细腻，棕眼明显少于新红木，手感舒适。新红木一般颜色黄赤，木纹、色彩较之老红木有一种"嫩"的感觉，质地、手感均不如老红木。

老红木梳妆盒

红木家具投资收藏入门 品类篇

26. 红木家具主要包括哪些品类？

家具品类如何划分，主要取决作者视角和叙述方法的不同，目的是帮助人们认识家具的不同特性，不同的分类只是形式不同而已，没有本质上的差别。

市场上的红木家具产品分类和品类名称也不统一，容易给消费者和爱好者正常选购使用和收藏陈设红木家具带来麻烦。目前来说，主要有以下几种分类方法。

按照家具艺术价值、收藏价值和实用价值的不同，可以把红木家具分为古典红木家具、红木艺术家具、红木工艺家具等品类。古典红木家具指以陈设、收藏为主要功能，工艺精湛、结构优美的传统红木家具；红木艺术家具指富有欣赏价值和收藏价值的当代红木家具，往往选材讲究、制作精美，具有浓郁的传统家具文化；红木工艺家具是指使用红木材料制作的具有使用价值和工艺价值的现代红木家具。

有人又把古典红木家具、红木艺术家具归类为传统红木家具，把红木工艺家具称为"现代红木家具"。

按照造型与功能的不同，红木家具的品类也有多种划分方法，较为常见的有两种。一是划分为坐卧类家具、置物类家具、储藏类家具、支架类家具、屏蔽类家具五大类，二是划分为床榻类、椅凳类、几案类、箱柜类、屏风类、架子类等六大类。

27. 什么是床？

今天来看，床的概念很清楚，主要是指供人睡卧的用具。但古代床的概念可不完全是这样。床的概念经过了漫长的历史演变，出现过多种含义。

《广博物志》记载，相传神农氏发明床。原始社会，人们生活条件简陋,还没有床,睡觉只是铺垫兽皮、树叶等,掌握了编织技术后才开始铺垫席子。床的出现与席子的使用有关。商代甲骨文中,已有像床形的字,说明商代真正有了床。但从考古出土的实物来看,最早的床是春秋战国时期的,在河南信阳长台关一座大型楚墓中发现一围有栏杆的床,上面刻绘着精致的花纹,下有6个矮足,高仅19厘米。

春秋以来,床往往兼作其他家具、坐卧两用。汉代刘熙《释名·床篇》云:"床,装也,所以自装载也。"又说:"人所坐卧曰床。"《诗·小雅斯干》:"载寝之床。"《商君书》言:"人君处匡床之上而天下治。"这时的床包括两个意思,既是卧具,又是坐具。"载寝之床"说的是卧具。"人君处匡床之上而天下治"则说的是坐具。可卧的床当然也可用于坐,而专为座的床都较小,不能用于卧。

品·类·篇

雕花罗汉床

71

晋代著名画家顾恺之的《女史箴图》中所画的床，高度已和今天的床差不多。另外还出现一种四足的高床。但床仍未成为睡卧的专用家具。

唐代出现桌椅后，人们生活饮食等都是坐椅就桌，不再在床上活动。床由一种多功能的家具退而成为专供睡卧的用品。

《说文》："床，安身之坐者。"安身，指使身体安稳的意思。由此引申出起承托稳定作用的东西。实际上就是底座。所以有琴床、机床、车床、笔床。由床构成的复合词的中心义是：起安稳作用的底座。

在古代，床这个名称使用范围很广，不仅卧具称"床"，其他用具也多有称"床"的：古代供跪坐的器物，如同日本今天还在使用的坐蒲团，也称"床"；汉代自胡人传入，为垂足而坐，颇似今日行军椅的叫作"胡床"；唐代自印度传入，为了靠背垂足而坐，像椅子一样的叫作"绳床"。明十三陵定陵，有"灵床"，是放置灵柩的底座。《齐民要术·养羊》："白羊三月得草力，毛床动，则铰之。"毛床指在底部的羊毛，贴近羊身的部分。还有人把自己所骑的马也称为"床"，名曰"肉胡床"。

28. 什么是架子床？

架子床是中国家具与传统建筑趋同的典型例子，在结构、工艺技术和装饰方法上都有极其相似的地方。架子床通常有四或六根柱杆与床顶的横杆组成框架结构，因为与木构建筑的顶架类似，所以叫"架子床"。架子床的木架结构与中国传统建筑的立柱横梁相似；架子床的上方有挂檐与建筑中的楣子相像；床的四周设围子与棂子板，做法与建筑中的栏杆

明代黄花梨架子床

相仿。挂檐、楣板上的雕刻与建筑中隔扇、窗棂上的雕刻相呼应。整座架子床很像是精雕细刻袖珍版的中国传统木结构房屋。架子床的门有月洞形、方形和花罩式多种样式，床面也分棕、藤、木板多种，南方以棕面为多。架子床是居室中最大的家具，同时也是装饰的重点，在挂檐和棂子板上都会有精美、复杂的雕刻，人物花卉常描金。传统建筑特别是正房，通常为"一明两暗"格局。明为客厅，卧房为暗间，而床则是卧室的主要家具。因此床是一种私密性较强的家具，虽然装饰得再精美也不太会有更多机会与外人分享或是向人夸耀，但我们的祖先对床如此重视和偏爱，因为人生不仅有三分之一的时间要在床上度过，更主要的是在心理上将多子多福的祈愿与床紧密联系在一起了。

29. 什么是拔步床？

拔步床出现在明代晚期。拔步床是在架子床的前端再增设一进或多进围廊，体量比架子床更为庞大，结构也更加复

花梨镂雕装饰拔步床

玉石镶嵌装饰拔步床

品·类·篇

——— 清代红木拔步床 ———

杂。拔步床安有门洞和窗棂，挂檐向外突起，是装饰的重点所在，常绘有吉祥图案以及精美的雕刻，髹漆彩绘富丽堂皇，装饰图案会一直延伸到四周的围栏板。拔步床增加了床的进深和层次，给人庭院建筑"进"的感受，在多层围廊中还分别安置有小型的桌椅、书架、灯具、便桶等物，增强了床的附属功能，一张拔步床就像是一间功能齐全的套房。拔步床通过增设多个层次的围廊，营建了床席的私密气氛，当然是世界上制作最为复杂、功能最多样的一种床，也是最为贵重的一种床。

30. 什么是榻?

榻是床的一种,又称"罗汉床"。通常把规格较小的称为"榻",规格较大的称为"罗汉床"。除了比一般的卧具床矮小外,别无大的差别,所以习惯上总是床榻并称。榻,一般比较矮,比较窄,有两人坐用的,为合榻,也有专供一人独坐的榻。

《释名》说:"长狭而卑曰榻。榻,言其体,榻然近地也。小者曰独坐,主人无二,独所坐也。"《通俗文》说:"三尺五曰榻,独坐曰枰,八尺曰床。"也就是说,榻一般指狭长而低矮的坐卧用具。

从功能上讲,罗汉床给人以庄重之感。因此,常被文人士大夫陈列于侧厅,用来待客和休息,很像今天客厅里的大型沙发。床间铺有褥子、隐枕,中间设榻几,宾主以为界,各坐一侧,几上备有茶具、烟具、文房用品等以方便随时取用。此外,还有女士专用的"贵妃榻",又称"美人榻"。造型小

品·类·篇

带榻几和脚踏的红酸枝罗汉床

巧玲珑,做工考究,靠背一头略高做成书卷型,另一头略低,曲线优美,有很强的女性特征。

31. 什么是几、案?

几是古代人们坐时依凭的家具,是一种面狭窄而呈长方形,下有足,常设于座侧,以便凭依或搁置物件的家具,故又称"凭几"。

《说文·几部》谓"几"字的篆文为象形。段注:"像其高而上平可倚,有足。"

《器物丛谈》说:"几,案属,长五尺,高尺二寸,广一尺,两端赤,中央黑。"又说:"古者坐必几,所以依凭之具。然非尊者不设,所以示优宠也,其来古矣。"

案是古时人们进食和读书写字时使用的家具。人们常把几和案相提并论,是因为几和案在形式上难以划出他们截然不同的界限来。按照传统习俗通常把较大的称为"案",较小的称为"几",再具体地讲,案是一种长方形,下有足的承托家具,面与足不齐头。

可见,几案是中国最早使用的置物类家具,最初是典型的低型家具,后也向高型发展。席地而坐时期,几案不但是置物,同时也是人们处理日常事务、会客、饮食和读书时的依凭,是当时使用频率最高的家具之一。几与案虽然常常并称,但在使用功能上还是有所差别。几类家具品种有花几、香几、茶几、琴几、条几、炕几、榻几等,以功能命名各有所用。案的类型有食案、书案、画案、条案、翘头案、平头案等。随着高型家具逐步流行,案类家具也有一个从矮到高和从小到大的转变过程,其中最有代表性的就是画案和条案。画案是作画的专用家具,宋朝以后,文人画日盛一日,凡是

方 形 几

品·类·篇

雕花凤纹方几

浮雕卷草灵芝纹条案

翘头案

品·类·篇

读书人都要学会摆弄几笔兰花、墨竹之类，画案就成了书房中必备的家具了。而条案则常用于摆放掸瓶、帽筒等瓷器或座钟及其他工艺品。

　　几与案的结合称为"架几案"。几与案是分体的，将案面架于两几之上，故称"架几案"。架几案名称中的"架几"二字，可谓是十分形象，指两几共架一块案板。架几案既不用夹头榫也不用插肩榫，可随意拆卸，装配灵活、搬运方便。架几案的案面多用厚板造成，如果是攒边装板制作的，匠师

清代红木雕松鼠葡萄纹花几

湖北随县战国曾侯乙墓出土的彩绘漆案

明代乌木架几书案

们称它为"响膛",意思是一拍案面便砰然作响,与实心的厚板音响不同。明式架几案的案面光素无纹饰,而清式架几案多为立面浮雕花纹。从清代《则例》和为宫廷陈设档册中,得知当时称架几案为"几腿案"。此名后来虽不通行使用,但就其构造来说,倒是颇为确切的。

与单独的几与案相比,架几案形体较为阔绰。尺寸特别大的架几案相当沉重,仅面板就重达数百斤,有些还是用整块木板做成,堪称巨型家具。

32. 什么是桌?

桌子是一种常用家具,上有平面,下有腿或者其他支撑物作为支柱,可以在上面放东西或做事的家具,用以吃饭、写字、工作等。桌由几案类家具发展演化而来。

古代桌亦写作"卓",也有作"槕"的,今天都写作"桌"。桌子的早期形象可见唐代敦煌壁画85窟房中的方桌,仅方形木板下置四根方形柱腿。我国桌子究竟始于何时,至今说法不一,尚有争论,但一般认为起源于汉或唐。

桌子亦被称作"台",桌通常与椅一起出现。另外,桌可能有抽屉,例如书桌、写字台、麻将台、梳妆台等。

———— 大叶檀写字台 ————

红酸枝方桌

品·类·篇

——— 民俗社会生活与家具 ———

桌的种类，从造型角度讲，有正方桌、长方桌、圆桌、椭圆桌、半圆桌等。从功能角度讲，有餐桌、书桌、画桌、琴桌、炕桌等。此外还有供桌，是祭祀神明先祖时摆放供品的桌子，旧京俗语说："年年有个家家忙，二十三日祭灶王，当中摆上一供桌，两边配上两碟糖。"

33. 什么是椅？

椅子是一种有靠背、有的还有扶手的坐具。有人以为"椅"本是一种树木的名称，也有说法认为"椅"，也作"倚"，是"车旁"，即车的围栏。其作用是人乘车时有所依靠。后来的椅子，其形式是在四足支撑的平台上安装围栏，可能就是受车旁围栏的启发，并沿用其名而称这种坐具为"椅子"了。

据文籍记载，椅子的名称始见于唐代，而椅子的形象则要上溯到汉魏时传入北方的胡床。敦煌285窟壁画就有两人分坐在椅子上的图像；257窟壁画中有坐方凳和交叉腿长凳的妇女。这些图像生动地再现了南北朝时期椅、凳在仕宦贵族家庭中的使用情况。尽管当时的坐具已经具备了椅子、凳子形状，但因其时没有椅、凳的称谓，人们还习惯称之为"胡床"，在寺庙内，常用于坐禅，故又称"禅床"。唐代以后，椅子的使用逐渐增多，椅子的名称也被广泛使用，才从床的品类中分离出来。因此，论及椅、凳的起源，必须从汉魏时的胡床谈起。胡床开始并无靠背，形如今天所见的马扎儿。唐代始有靠背。

椅从床中分离出来，是家具从低型转向高型的标志。五代至宋，高型坐具空前普及，椅子的形式也多起来，出现靠背椅、扶手椅、圈椅等。同时根据尊卑等级的不同，椅子的形制、质料和功能也有所区别。宋代流行一种交椅，等级高

红酸枝宫廷椅

于其他椅子,稍有身份的家庭都置备交椅,供主人和贵客使用。"第一把交椅"成了身份和地位的象征,这在《水浒传》等小说中常有记载。

34. 什么是交椅?

交椅的前身就是由北方游牧民族传入中原的"胡床",后来又称为"绳床",增设了靠背,靠背分圆直两种。交椅是椅子最早的式样,由交杌(音同务,马扎)演进而来,也叫"逍遥坐"。因为交椅重量较轻,插足可以折叠,便于携带,最早出现于军营中,是行军作战和户外活动时有身份官员和长者的坐椅,所以在明清小说中,交椅也就成了官阶的代名词,常将官员的级别次序以交椅来安排,俗称"第几把交椅"。交椅的特征是腿部相互交叉,背板为圆弧形曲木与扶手连成一体,这种设计在后来的圈椅中得到了继承和发展,底部设有脚踏,为了便于折叠携带,座面多为藤麻编制的软面,交接部位饰有金属片增加牢度与装饰效果。交椅古朴雅致,颇受文人喜爱。

品·类·篇

—— 红酸枝交椅 ——

35. 什么是圈椅？

圈椅也称"罗圈椅"，是明式家具的主要代表样式之一。它的显著特征是圈背与扶手一顺而下，由一条优美的曲线连为一体，扶手两端向外翻出，做成"鳝鱼头"式样。明式圈椅造型舒展优美，靠背与扶手相连的圆形设计一气呵成，如同书法的"一波三折"，给人以酣畅淋漓之感。圈椅一般布置在书房、园林小筑和雅室中，是朋友相聚时的舒适雅座。

红酸枝圈椅

———— 黄花梨宫廷椅 ————

36. 什么是官帽椅？

除了圈椅和交椅之外，凡是有靠背同时又有扶手的椅子，都称为"扶手椅"。官帽椅因其搭脑两头伸出的部位与当时官吏所戴帽子——幞头的样式相近而得名。幞头为前低后高，从侧面看与扶手椅颇为有些相似。官帽椅是明式家具中具有代表性的座椅样式，其中搭脑与扶手都出头的称为"四出头官帽椅"。只有搭脑出头扶手不出头（"二出头"）的扶手椅也是"官帽椅"的一种。

四出头官帽椅是明式家具中的典型款式之一，搭脑为弓形的"纱帽翅式"，两侧扶手安有"联帮棍"，设计的弧度正好符合人手臂自然弯曲的形态，背板按人脊梁曲线呈"S"形，非常符合人体工程学的原理。因为与人体接触的部位都被做成了圆面，触摸之下会给人温润细滑的舒适感。官帽椅造型庄重、富有张力又不露锋芒，与当时文人崇尚的理学所具有的内敛品格有几分相合。官帽椅常以成双对称方式布置于厅堂之中，是族中长辈与尊贵客人专用的座位。

黄花梨四出头官帽椅

37. 什么是玫瑰椅？

玫瑰椅又称"文椅"，它的特点是搭脑与扶手都不出头，而且后背与扶手的高度差距较小，在南方较多见，因为北方官帽椅多出头，所以又把不出头的官帽椅称为"南官帽椅"。玫瑰椅造型文静、小巧、秀美、俊雅，透出一股书卷气，是明清文人书房中必备的坐具。明代官帽椅多选用黄花梨与鸡翅木，清代则喜用紫檀。

玫瑰原意为美玉。《史记·司马相如传》："其石则赤玉玫瑰。"又曰："玫瑰碧琳，珊瑚丛生。"其中"玫瑰"都是指美玉，是称这种座椅珍贵而美丽。

直楞玫瑰椅

明代黄花梨玫瑰椅

品·类·篇

———— 黄花梨南官帽椅 ————

38. 什么是靠背椅?

简单地说,有靠背而无扶手的椅子称为"靠背椅"。其规格较官帽椅略小。常见的靠背椅造型有两种。一种椅背、搭脑与玫瑰椅相近,搭脑横梁不出头,称为"一统碑"式。一种是搭脑横梁出头并略微上翘,好似灯竿,故其名曰:"灯挂椅。"

如果椅子靠背的主体部位由若干根规格和间距相等的圆柱构成,形似木梳的靠背椅,称"梳背椅"。

———— 鸡翅木梳背椅 ————

红酸枝灵芝椅

39. 什么是太师椅？

在红木类的椅类中，太师椅是一个常见的名词。其实太师椅并非专指某种特定的椅子。由于时代不同，其所指也有不同。宋代流行一种圈背交椅，在达官显贵之中很是流行，因曾任太师的大奸臣秦桧喜欢这种椅子而得名。而明代则将圈椅称为"太师椅"。还有一种说法，在椅子上雕有大狮小狮，寓意太师少师，所以称"太师椅"。太师椅为官家用椅，多采用紫檀木、酸枝木等红木制作，外形威严稳重。

红酸枝六方凳

紫檀雕花鼓墩　　　　　五开光鼓凳

40. 什么是凳？

没有靠背、没有扶手的坐具称为"凳"。凳可能是椅的简化形式，也有人认为凳最初功能是用来踩的（比如上马凳），而不是用来坐的，因而并非椅的形态的转化。东汉刘熙在《释名》中说："榻登施于大床之前，小榻之上，所以登床也。"可见凳最开始是用作上床前踩踏的家具。

凳子的总体造型，从明到清大致是由长方形向正方形变化。明代的凳子长方形较多，清代的椅子则是正方形较多。

红木家具中凳子的式样较多，有方凳、条凳和圆形的鼓凳等。方凳一人一座，长条凳可坐二到三人。较有特色的是花样繁多的坐墩，因为常在座面上盖一块丝织物，所以又叫"绣墩"。绣墩与凳的一个明显区别是，绣墩脚下安有托泥，凳子则四脚着地。形状也有四方墩、八方墩、圆墩、鼓墩等多种。坐墩小巧玲珑，样式多姿多彩，做工精美，华丽又便于携带，所以深受女眷的喜爱，在戏曲和清代年画中是女性的标准坐具。

红木家具投资收藏入门

紫檀雕龙顶箱柜一对

品・类・篇

41. 什么是箱、柜、橱？

箱、柜、橱均属于储藏类家具。柜古称"椟"，又写作"匮"。《尚书》有"武王有疾，周公纳册于金縢之匮中"的记载。不过那时的柜颇类于箱。而古代的箱是指车内存放东西的地方。《左传》中就有"箱，大车之箱"的记载。而今天看来，可以认为无足支撑者为"箱"，如衣箱、药箱等；有足支撑的为"柜"。考古发现的早期实物有曾侯乙墓出土的战国时期的漆木衣柜。唐代出现了较大的柜，并出现了专用书柜、衣柜。唐代大诗人白居易有诗云"破柏作书柜，柜牢柏复坚"。

而早于唐的两晋时期出现了橱。橱原为厨房专用家具，用来储藏食物食具等。后来功能逐渐扩大，派生出许多用途的橱，到明清时期又派生出了格，如亮格柜、书柜、书格、栏架格等。柜橱的品类也更加丰富多彩。从造型上划分，有横柜、立柜、顶竖柜、顶与箱相结合的顶箱柜、三联柜、圆角柜、闷仓柜、二联橱、三联橱、五斗橱等。从功能上划分，有衣柜、书柜、钱柜、药柜、粮柜、炕柜、碗橱，以及俗称"猫柜"的家具，实为储存食物的橱。门板为梳背形，既透风，防止食物腐坏，又防猫偷食，故称"猫柜"。从用料角度讲，高档柜类使用红木较多，而日常橱类则较少用红木。箱类用红木也较少，最有名的则是樟木箱。

小叶檀官皮箱

———— 黄花梨翘头柜 ————

———— 木箱 ————

42. 什么是多宝格？

多宝格，亦称"博古架"、"百宝格"、"万宝格"。顾名思义，其主要用途是摆放古玩、珍品、工艺品。多宝格的独特之处在于，它将格内空间分割成错落有致、大小不一的形态。主人在大小不同的格子内分别摆放不同的小件装饰物品，从而打破整齐一致的死板，也符合收藏品大小不等的特点，带来视觉上的愉悦。多宝格本身就是独具匠心的艺术品。

多宝格独特的文化品位、美学价值和使用价值，使其在品类繁多的红木家具中也可称得上出类拔萃。

多宝格从造型上划分，大多为长方形，也有圆形、半圆形、桃形、瓶形和扇形等多种变化；有单件的，也有组合的；有单面观赏的，也有可供双面观赏的；有全部结构由架格组成的，也有带门带屉的；有素雅的，也有雕饰的。至于规格尺寸，更是多种多样。

——— 红酸枝带底柜多宝格 ———

红酸枝带抽屉多宝格

品·类·篇

红酸枝多宝格

43. 多宝格是如何产生的？

多宝格是从柜橱类家具发展演化而来。明代的柜橱有很大发展，品种繁多。特别值得注意的是，明代出现了亮格柜，其结构是上为架格，中为抽屉，下为柜门。也有不带抽屉的。由于这种亮格柜流行于明代万历年间，故又称"万历柜"。再有明代的书格、栏架格主体部位前不装门，后无背板，分层而设，双面透空。栏架格还装有较矮的栏板，高雅别致。这些称得上是多宝格的雏形。

品·类·篇

红酸枝万历柜

我们今天常见的多宝格是在清代才开始形成的。多宝格大部分见于宫廷或官府，也有的在民间大户人家中。它兼有贮藏和陈设的双重作用，主要是陈设之用。它是在明代架格的基础上发展起来的新型家具。

制作多宝格的材料，包括松木、楠木、榉木、花梨木，甚至紫檀木，也有用老红木制作的。

44. 多宝格产生于清代的历史背景是什么？

富贵高雅的多宝格产生于清代，笔者曾推测大体为乾隆时期。但据《马未都说收藏·家具篇》介绍："我们从雍正《十二美人图》上面可以看见当时多宝格的形象，推测多宝格是雍正年间发明的。"这当属更为精确之说。多宝格的产生绝非偶然，乃是时代的产物。具体地讲，主要基于以下三个原因。

一是当时工艺美术品空前发达，至少在品种和数量上是前所未有的。清宫内务府造办处下设四十二作，荟萃天下能工巧匠，征集各地名贵材料，专为皇家设计制作各类工艺品。民间工艺也十分发达。这些工艺品，尤其是牙雕、玉雕、瓷器、金银饰品中小件精品的摆放，非常需要一种与之相得益彰、相映成趣的载体，于是，多宝格应运而生。

雍正《十二美人图》中的多宝格

二是自清以来，古玩业兴起。关于古玩业，南宋吴自牧《梦粱录》称："买卖七宝者，谓之骨（古）董行。"但宋代的古董行很有限，难以称"热"。

宋代收藏大家当属宋徽宗赵佶，此人虽属昏庸之辈，亡国之君，但艺术造诣颇深。他所创造的瘦金体书法流芳千古，在绘画方面也很有成就，尤擅画鹰。民间有"宋徽宗的鹰，赵子昂的马——都是好画（话）"的歇后语。他还十分热衷于收藏，曾将自己收藏的古董命宫廷画师绘一长卷，名曰"博古图"。但此时距博古架的产生还相去甚远。明代，据史料记载，正德、嘉靖年间，东华门内市主要经营奇珍异宝。如"宣德之铜器，成化之窑器，永乐果园厂之髹漆，景泰御前之珐琅，精巧远迈前古，四方好事者，亦于内市重价购之"。又据明沈德符《敝帚斋余谈》说："好玩之物，以古为最，惟本朝则不然。永乐之剔红，宣德之铜，成化之窑，其价遂以古敌。"这些都说明，明代收藏崇尚当世之作，也未形成较大氛围。清朝统治者吸取元朝覆亡的教训，对汉民族文化采取兼容并蓄的政策。因此清代社会的上流阶层对前朝遗存艺术品十分重视和珍爱，促使以收藏鉴赏为乐的古玩业兴旺发达。清中晚期，仅琉璃厂一带就有多家古玩铺陆续开业。那么，古玩摆放在哪里？古玩铺的店堂如何布置？多宝格无疑是最佳选择，因而多宝格愈发走俏。

三是中国古典建筑和室内装饰具有气势恢弘、布局讲究、科学严谨、典雅舒适的民族风格，在世界建筑史上独树一帜，不断发展。清代出现的集锦隔子是室内装修隔断的一种，既作为室内分割的屏障，又可摆放各种古玩珍品，是中国独创的一种高艺术品位的室内装饰方法。而多宝格正是将柜橱类家具和室内装饰物的集锦隔子巧妙地结合改造，产生了一种独立的家具。

品·类·篇

小叶檀描金多宝格

品·类·篇

红木家具投资收藏入门

两面透空黄花梨多宝格

45. 为什么说园无石不秀，室无格不雅?

中国古典家具发展到清代，形成了庄重、威严、富丽、豪华的艺术风格，但也产生了繁缛的弊端。而多宝格虽然产生于清代，却大多并不繁缛。这种奇特的现象与多宝格的结构和用途相关联。造型古朴、典雅、隽秀；结构洗练、大方、生动；线条明快、舒展、流畅。多宝格之"格"，可多可少，可大可小，可方正，可凸凹；错落有致，变幻万千，空灵俊逸，潇洒清新，有道骨仙风之概。

多宝格一般是成对的，格子的设计是左右对称的。圆形多宝格直径两侧的格子也是对称的。在同一件(对)多宝格中，格子的规格大小也不能过于悬殊，否则就不美观了。也就是说，在万千变化之中是有一定规律性的。

园无石不秀，室无格不雅。所谓园无石不秀，是说天赐奇石，人赋妙道。园林点石有钟灵毓秀之气、天工造化之美。所谓室无格不雅，是说任何一件多宝格家具都具有室内装饰功能。在各式各类家具中，最具装饰性的当首推多宝格。多宝格最宜摆放在书房或客厅，可倚墙而立，也可作为隔断。若与中国式书案、画案、条案、书柜、书架、花几、八仙桌椅、圈椅等配套组合，既有富贵之相，又具儒雅之风。应该说，要布置一套有相当文化品位的房间，多宝格是绝对不可或缺的，有画龙点睛之妙，使主人的高雅志趣和书卷气质扑面而来。

品·类·篇

46. 什么是屏风?

汉代刘熙在《释名·释床帐》中说："屏风，言可以展障风也。"即屏风是为挡风、间隔、遮蔽之用的家具。可见，屏风自诞生之日起，就是室内分割和室内装饰的重要手段，而且具有富贵祯祥、平和性情、镇宅祛邪、江山永固的文化内涵。

屏风的种类丰富多彩。从形制上划分，有插屏、折屏、挂屏、炕屏、桌屏。从材质和工艺上划分，有红木类和柴木类木雕屏风、漆艺屏风以及石材屏风、绢素屏风、云母屏风、玻璃屏风、琉璃屏风、竹藤屏风、金属屏风、嵌珐琅屏风、嵌瓷片屏风等。

47. 屏风是如何产生和发展的？

中华屏风文化历史非常悠久。《物原》有"禹作屏"之说。以此算来，已有四千年之久。《周礼·掌次》中记载有"设皇邸"。邸是屏风的早期称谓，通常设在天子座后，以显示"九五之尊"。历朝历代都是如此。我们今天所能见到的故宫太和殿宝座后的雕龙屏风便是皇权的象征。

此外，《史记·孟尝君列传》记载："孟尝君待客座语，

鸡翅木屏风

红酸枝透雕龙纹座屏

而屏风后常有侍史,主记君所与客语。"《史记·高祖本纪》记载:"夫运筹于帷幄之中,决胜于千里之外。"可见屏风在皇宫和军营中的广泛应用。

随着时代的发展,屏风的品种不断丰富,使用范围也越来越广泛。到了汉唐时期,大户人家多用屏风,尤其是厅堂几乎必设屏风。屏风的作用也由挡风、遮蔽的功能演变为绚丽多彩的装饰艺术品。

汉代,随着汉武帝采纳董仲舒的建议,"罢黜百家,独尊儒术",屏风的题材也多以宣扬儒家礼教为内容。到了两晋南北朝时期,随着佛教的传入,又兴盛佛教题材。到了唐代,随着绘画艺术逐渐脱离了政教目的,走向了自由开放的趋势,屏风题材也走向了纯观赏性的山水、人物、花鸟、仕女等,但也大多体现了一种祈福意识。杜牧《屏风绝句》

红酸枝透雕双龙戏珠纹圆插屏

中有:"屏风周昉画织腰,岁久丹青色半销,斜倚玉窗弯发女,拂尘犹自妒娇娆。"诗中提到的周昉,是唐代大画家,其代表作是《簪花仕女图》。而宋代屏风则承袭了唐风。

从中我们不难看出,不同朝代的屏风在题材方面深深地打上了时代的烙印,体现着某种文化观念。

到了明清时期,更是把屏风文化推向了一个新的高峰。特别要强调的是,此时红木类屏风应运而生,异军突起。从材料运用方面讲,主要有两大类。一是通体全部由紫檀、黄花梨、酸枝木等组成的木雕红木屏风,木雕技法集深浅浮雕、镂雕、圆雕之大成。二是以红木为边框,屏面为髹漆雕画。屏风的品类和数量也是前所未有的。例如,《天水冰山录》记载,明代大奸臣严嵩的抄家物资中大小各式屏风竟有389件之多。至于清代屏风,我们通过故宫、颐和园等地大

品·类·篇

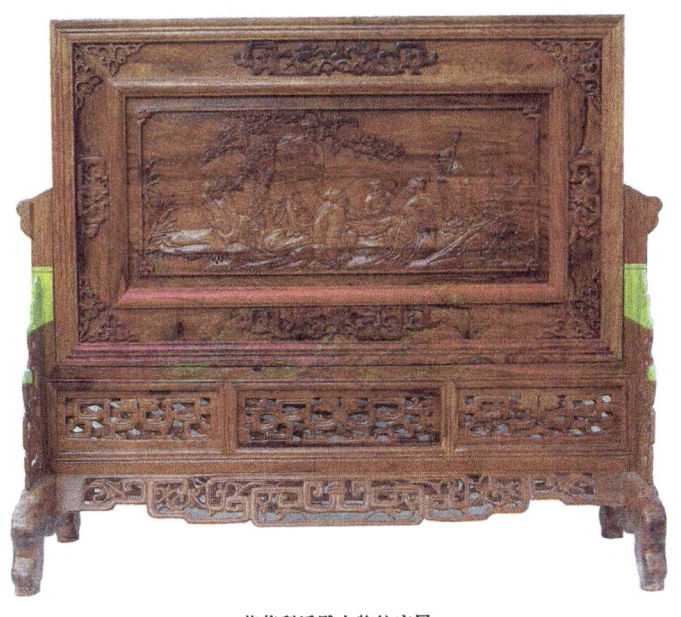

黄花梨浮雕人物纹座屏

量藏品中可以领略出中华屏风文化的博大精深。古典名著《红楼梦》中也多处描写各种形制、材质和工艺的屏风。如第七十一回描写贾母八十大寿，贾母因问道："前儿这些人家送礼来的共有几家有围屏？"凤姐儿道："共有十六家有围屏，一面是泥金'百寿图'的，是头等的。"还有"大红缎子缂丝屏风'满床笏'"。

这里，还要特别谈一下出土文物中的屏风。湖北随县曾侯乙墓出土的战国时期漆木雕座屏，雕刻有蛇、蛙、鹿、雀等动物以及彩漆描绘的花纹图案。在马王堆出土的大量汉代漆器中，就有油漆彩绘屏风，长方形，下有足座承托。山西出土的北魏时期的人物故事彩绘屏风更是图文并茂。

此外，我们从浩如烟海的史料、典籍、诗词、绘画中可以发现很多关于屏风的描述和描绘。例如，东晋顾恺之的《列女仁智图》、五代顾闳中的《韩熙载夜宴图》、周文矩的《重屏会棋图》、元代佚名《倪瓒像》、明代杜堇的《玩古图》、仇英的《竹庭玩古图》等都画有屏风。其中《韩熙载夜宴图》长卷，就是以屏风和床榻将画面分割为听乐、观舞、休息、清吹、送别五个场景。

48. 什么是插屏、挂屏？

插屏，亦称"座屏"。形如立镜，下有座架，屏面插入底座。形制比较高档复杂的还配有顶帽，底座配站牙，组合而成，器形高大，又便于拆装。也有屏面和底座实为一体的，但大多是小型的。

插屏一般都是独扇，形体大小各异——大的约有3米高，多设在室内当门之处，根据房间和门户的大小来确定其高度。小的则只有20厘米左右。

品·类·篇

黄花梨浮雕花鸟纹插屏

红酸枝浮雕吉祥纹挂屏

红木家具投资收藏入门

浮雕吉祥纹挂屏

品·类·篇

红酸枝浮雕花鸟纹插屏

挂屏,即悬挂于墙壁之上的屏风。清初出现挂屏,多代替画轴在墙壁上悬挂,成为纯装饰性的品类。大多为成对、成组条幅式,也有扇形、桃形、梅花形的,还有中堂两侧配一副对联的,也有单幅的。

挂屏和小插屏所不同的是,它已脱离实用家具的范畴,成为纯粹的装饰品和陈设品。从单纯的使用功能至上到使用与欣赏兼具,极大地提升了插屏与挂屏的收藏价值。

49. 什么是折屏?

折屏,又称"曲屏",即可以折叠的屏风,由多扇连接组成,因无屏座,放置时分折曲成锯齿形,故名。造型上有平板和落槽之别。一般为双数组合,如四扇屏、六扇屏、八

———— 四扇窗格纹折屏 ————

扇屏、十二扇屏等。每扇之间以挂钩相接,摆放时可曲可直,比较灵活。唐代李商隐《屏风》诗:"六曲连环接翠帏,高楼半夜酒醒时,掩灯遮雾密如此,雨落月明俱不知。"其中"六曲连环接翠帏"一句,指的就是六扇折屏。

  折屏从围屏发展而来,它的装饰功能大于实用功能。屏风在明清时代是非常贵重的家具,折屏的大量出现,能表明当时社会的富足。

50. 什么叫桌屏、炕屏？

顾名思义，桌屏是摆放在桌子上的屏风；炕屏，即在炕上安置的屏风。两者的共同点是，形制都比较小，属小型屏风，主要是起装饰作用。

桌屏，亦称"砚屏"，是宋代以来比较普遍使用的装饰摆件。宋·赵希鹄《洞天清禄集·砚屏辨》中记载："自东坡、山谷始作砚屏，即勒铭于砚，又刻于屏，以表而出之。"

炕屏是典型的清式家具，清代由于木炕的流行，出现了炕屏。也有的床榻将围子设计制成屏风格式。

———— 小叶檀浮雕人物纹屏 ————

大叶檀镶嵌玉石山水纹屏

品·类·篇

51. 什么是百宝屏风?

明清时期,屏风文化发展到了一个新的高峰,品种更加丰富多彩。在红木类屏风中,除木雕屏风外,还出现了以紫檀木、花梨木、酸枝木等为边框、屏面为漆艺雕画的屏风。百宝屏风便是其中的一种,以象牙、翡翠、碧玉、水晶、珍珠、青金、绿松、玳瑁、珊瑚、琥珀等各种名贵材料加工的浮雕制品镶嵌于屏面之上,以花鸟题材最为常见。

小叶檀镶嵌神仙纹百宝座屏

黄花梨玉石镶嵌百宝座屏

52. 什么是书画屏风？

常以红木为边框，将字画装裱于屏面之上，或直接在屏面上书写。清代乾隆帝作《穿杨说》一文，对"百步穿杨"成语提出质疑。"百步穿杨"出自《战国策》，形容箭法高超，百发百中。但乾隆认为："杨叶宽以分计，长以寸许，于众叶之中指其一，立于百步之外，尚不能辨其谁何，安能百发百中哉？"并以此发议论道："过情之论，学者清习而不察。"他对自己的见解颇为得意，命工匠制作十二扇折屏，亲自将全文538字用墨笔书写于屏风之上。

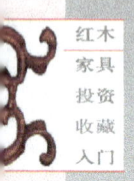

鸡翅木十二扇祝寿折屏

品·类·篇

———— 清代黄花梨透雕龙纹隔扇 ————

53. 什么是博古屏风?

从题材上讲,"博古"与广泛采用的人物、山水、花鸟等题材相比,以古香古色的器皿及精美配饰件为主题,多配以插花,别有一番书卷气,高雅别致。从寓意上讲,有"论古不外才识学,博物能通天地人"之意。以博古为题材的红木屏风,既有木雕的,也有红木边框、漆艺镶嵌屏面的。

54. 什么是架子类家具?

架子类家具是指日常生活中使用的悬挂及承托的用具。主要包括盆巾架、衣架、灯架、镜架等。

品·类·篇

——— 灯架  ———　　　——— 衣架 ———

55. 什么是盆巾架？

盆架和巾架一般组合为上下两层，分担不同的功能。上部的搭脑可以作为巾架，一般雕有灵芝、龙首等纹样，中间雕花，是装饰的重点部位。下层是可以承托盆类的架子，有四、五、六、八角和米字纹等多种做法。传统建筑通常没有独立的盥洗室，盆巾架上的毛巾和脸盆曾是普遍的室内盥洗装备。

另外，还有一种仅有足架的矮型盆架。盆架可以说是组合家具的鼻祖，实用性较强，分布广泛，无论北方和南方都能看到它的身影。

红酸枝鱼缸架

清代黄花梨六足高面盆架

品 · 类 · 篇

56. 什么是衣架？

衣架是我国较早出现的一种家具。周朝开始实行礼制，贵族阶层对衣冠十分重视，为了适应这种需要就出现了专门用来悬挂衣物的架子。我国较早就出现了专门用来存放衣物的衣箱，战国曾侯乙墓就出土有完整的衣箱一只，上绘二十八星宿，十分精美。古人往往是将换季后的衣物存放在衣箱内，为了取用方便，日常衣物就悬置于衣架上了。

红酸枝凤首纹衣架

黄花梨龙首纹衣架

古代的衣架和今天的衣架是有很大区别的。古代人穿的丝绸衣服只需要往架子上随意一搭，能保证不起皱就行，今天的衣服则需要吊挂起来，才能保持笔挺。

到明清时期，衣架多选用柴木制作，但大户人家常选用黄花梨、紫檀等贵重木料，制作也极为精良。衣架需承受衣物的重量，保持平衡是最重要的，所以对衣架的底座比较重视，通常以雕花木墩为座，墩有立柱相连，柱上有圆雕搭脑挑出，中间安装中牌子，所有横材与立柱相交处，多配有雕花挂牙和角牙，有装饰和加固双重功能。

明代黄花梨龙首衣架

57. 什么是灯架？

灯架的结构一般由三部分组成。顶部安有圆盘作为灯座或蜡扦，并配以纱罩，以红白色居多。高档的还雕龙，称为"龙灯"，如雕凤则称为"凤灯"。龙凤灯多为成对组合。中部为立柱，有方形的，也有圆形的；有素雅的，也有雕饰的。底座有三足鼎立式的，也有圆形底盘或方形底盘，有配站牙的，也有不配站牙的。结构上有升降式和固定式两类。升降式灯架又叫"满堂红"。总之，风格多样，异彩纷呈。

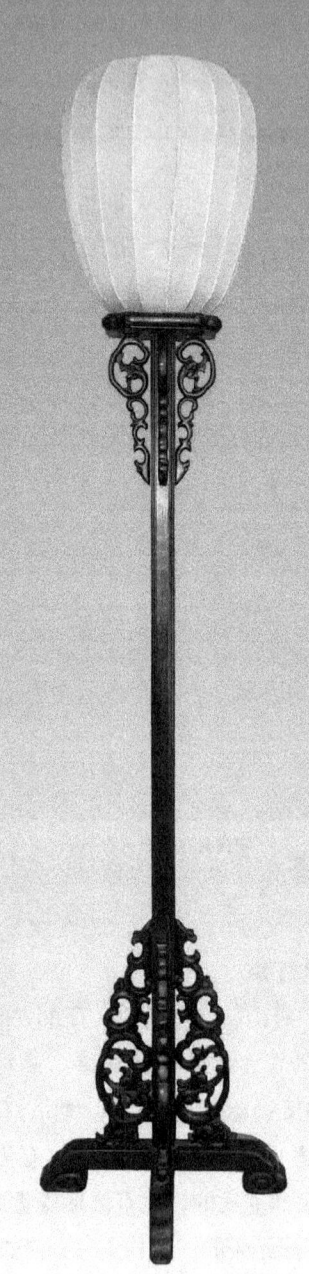

红酸枝镂雕龙纹灯架

紫檀六足配站牙灯架

品·类·篇

红木家具投资收藏入门 [工艺篇]

58. 制作红木家具如何选料用料？

无论是紫檀木、花梨木、酸枝木还是鸡翅木、铁刀木、乌木都十分珍贵稀缺，有寸木寸金之说，因此制作红木家具必须要充分用料，合理用料，物尽其用，用有所值。

首先，只有这几类木材的心材才能称作"红木"。全部以心材制成的家具才能称为"全红木家具"。心材和边材虽价值不同，也各有所用。家具的外表和承重等主体部位不能使用边材。非主体部位可以适当使用边材，但不能超过总量的10%，在销售时应告知消费者，否则就是掺杂卖假。

其次，有一定缺陷的部位经加工处理后，也可适用于非主体部位。

第三，裁料必须根据设计要求，精确计算规格，精打细算，充分利用边角料。

第四，家具的主体部位颜色搭配要合理、协调、一致。个别颜色略有差别的材料只能用于非主体部位。

第五，纹理的大小、走向要一致、对称、和谐。

红木家具的使用寿命可长达百年甚至数百年，所以在选料用料上一定要非常讲究，关键部位的用料稍有不当就会影响整件家具的使用寿命。

59. 与柴木类家具相比，红木家具在加工时有哪些要求？

无论制作红木类家具，还是制作柴木类家具，大体的工艺流程都是：风干——烘干——再风干——开料——加工（锯、刨、凿、搜挖）——打磨——成装。然而根据红木的特性，烘干前后的两次风干，时间都相对要长一些。"工欲善其事，必先利其器"。锯、刨、凿等工具都应选择精磨利器，修整要勤，齿刃要锋利。每个部件在刨平之后、打磨之前均需经过刮刀，又称"刮磨"，然后在打磨时尤其要精细。

制作红木家具须具有很高的技术，制作者应具有丰富的经验和精湛的技术，操作娴熟，干净利落。初学木工者应做熟柴木家具后，再做红木家具。

红木家具的传统制作方法是工匠从头到尾一做到底，从配料、划线开始到成品，其全部制作技术与质量标准均掌握在制作者自己的手中，所以工匠的技艺显得尤为重要。

木工行业中流传着所谓"木不离分"的规矩，就是指木工技艺水平的高低，常常相差在分毫之间。无论是用料的粗细、尺度、线脚的方圆、曲直，还是榫卯的厚薄、松紧，兜料的裁割、拼缝，都是直接显示木工手艺的关键所在，也是家具质量至关重要的内容。因此，木工工艺要求做到料分和线脚均"一丝不差"，"进一线"或"出一线"都会造成视觉效果的差异；兜接和榫卯要做到"一拍即合"，稍有歪斜或出入，就会对家具的质量产生影响。红木家具中制作工艺较为复杂的是太师椅等有束腰的扶手椅，一木连做的椅腿和坐盘的接合工艺要求极高。这类椅子的成型做法需要按部就班，一丝不苟。

工·艺·篇

60. 在进行红木家具表面处理时应该注意哪些问题？

木工有句老生常谈的话："三分作，七分磨。"可见打磨的重要性。即使木胎做得再规整，如果刮磨、打磨不到位，也将大失光彩。红木家具的打磨不能选用较粗的砂纸，不能出现明显划痕，然而红木质地又硬，这是一对矛盾。但没有别的解决办法，只有精心细磨，全凭功夫。打磨特别要注意的一点是不允许有横纹砂纸痕。

红木家具一般不需要着色,以充分展现其天然木色及木纹的自然美和韵味,一般采用擦拭生漆或烫蜡的方法进行表面处理。如果红木家具放置处的周围环境很好,不会对家具表面产生不利影响,那么可选择擦蜡。如果家具使用中可能对其表面影响较大,那么考虑擦漆。具体说来,餐桌餐椅,一般以擦漆为好,若是擦蜡,汤汁渗进去或者因餐具高温导致其表面变色,保养起来就很麻烦。

擦拭生漆或烫蜡都要选用优质材料,根据四时变化,掌握比例。正式打蜡前,一定要去除家具表面的灰尘。否则,灰尘跟蜡混合在一起,将形成硬垢。特别要注意的是,无论擦漆还是打蜡都要透、匀、净,薄厚适度。

61. 什么是榫卯结构?

器物或构件利用凹凸方式相接,其相接处的凸出部分为榫,而卯则是凹进去的部分。故又称"阴阳榫"、"牡牝榫"。

榫卯结构是榫和卯的结合,是木件之间多与少、高与低、长与短之间的巧妙组合,这种组合可有效地限制木件之间向各个方向的扭动。许多明式家具距今几百年了,虽显沧桑,整体结构仍然完好如初,充分体现了榫卯结构的牢固、耐用特性。

榫卯结构的运用在我国具有悠久的历史。有研究发现,早在7 000多年前的河姆渡新石器时代,我们的祖先就已经开始使用榫卯了。中国传统家具(特别是明清家具)之所以为世人瞩目,与对这种结构的运用有着直接的关系。中式家具之所以又被称为"传统家具",主要原因还在于其榫卯结构的运用。

红木家具各联结部位,一律以榫卯相接,不仅严谨、牢固,还有装饰作用。榫卯结构也是红木家具的一大特色。而且红

榫头与卯眼

插肩榫的榫头

木家具的榫卯结构无论造型与功能都与中国古典建筑是一脉相通的，有异曲同工之妙，具有浓郁的民族风格和极高的美学价值。

62. 榫卯结构有多少种类？

就榫卯使用的部位、功能和形态而言，大体上有明榫、暗榫、闷榫、套榫、夹头榫、插肩榫、抱肩榫、勾挂榫、格角榫、粽角榫、燕尾榫、楔钉榫以及走马销等。

第一类，明榫、暗榫、闷榫。明榫是指制作好家具之后在表面能看到的榫头，而暗榫是在家具表面上看不出来的。因为两部件结合后不露榫头，所以也叫"闷榫"。

明榫与暗榫所用的部位不同，明榫多用在桌案板面的四框和柜子的门框处。明式靠椅和扶手椅的椅背搭脑和扶手的转角处常用暗榫。暗榫的形式多种多样，单就直材角结合而言，就有单闷榫和双闷榫。

第二类，套榫。明清家具椅子搭脑不出挑，与腿交接时不用夹头榫，常采用腿料作方形出榫，搭脑相应的挖方形榫

明榫的榫眼是穿透的　　　　　　暗榫的榫眼不会穿透

眼套接，故名。

第三类，夹头榫。是案形家具中最常见的榫卯结构，腿足上端开口，嵌夹牙条与牙头；顶端出榫，与桌案案面的卯眼结合，结构稳固，桌案和腿足角度不易变动，又可将桌面的重量分担到腿足上来。

第四类，插肩榫。除夹头榫之外，插肩榫也是案形家具的一种榫卯结构。其结构和夹头榫的结构相似，也是腿足上端开口，嵌夹牙条；顶端出榫，与桌案案面的卯眼结合，不同的是在插肩榫中，腿足的上端外侧被削出斜肩，牙条与腿足相交处剔出槽口。当腿足与牙条相结合时，槽口便与斜肩正好契合。当腿足承受桌案压力的同时，牙条便和斜肩咬合得更紧。这样，桌案的结构便会非常牢固。

第五类，抱肩榫。是有束腰家具的腿足与束腰、牙条相结合时使用的榫卯。具体做法是：以有束腰的方桌为例，腿足在束腰的部位以下，切出45度斜肩，并凿三角形榫眼，以便与牙条的45度斜肩及三角形的榫舌拍合。斜肩上还留做上小下大、断面为半个银锭形的"挂销"，与开在牙条背面的槽口挂套。

第六类，勾挂榫。霸王枨与腿的结合部位通常使用勾挂榫，霸王枨的一端托着桌面的穿带，用木销钉固定。下端交带在腿足中部靠上的位置，榫子下的榫头向上勾，腿足上的枨眼下大上小，且向下扣，榫头从榫眼下部口大处插入，向上一推便勾挂住了下面的空隙，产生倒勾作用。然后用楔形料填入榫眼的空隙处，再也不易脱出，故名。

夹头榫

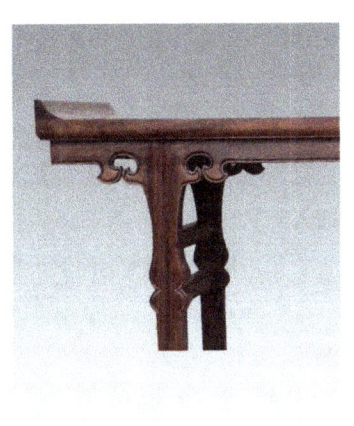

插肩榫

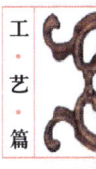

抱肩榫

格角榫

第七类，格角榫，也分明榫与暗榫。明榫多用在桌案板面的四框和柜子的门框处，桌案的边框一般分长边和短边，长边称为"边挺"，短边叫做"抹头"。在边挺和抹头的两端分别做出45度斜边，边挺处再作榫头，抹头处则作榫眼，这样就把明榫处理在两侧，木材的横断面没有纹理，正好隐藏起来，外露的都是色泽优美的花纹。暗榫的形式多种多样，仅就直材角接合而言，就有单闷榫和双闷榫。单闷榫是在横竖材的两头一个作榫头，一个作榫眼，双闷榫是在两个拼头处都作榫头，紧靠榫头处又凿出榫眼，使两个榫头可以互相插入对方的榫眼。由于榫头形成横竖交叉的形式，加强了榫头的预应能力，使整件器物更加牢固。

格角榫常用在明式家具几、案、桌、椅等的面板框架部分。

第八类，粽角榫。因其外形像粽子角而得名。在江南民间木工中也称作"三角齐尖"，多用于四面平家具中。它的特点是每个角都以三根方材格角结合在一起，使每个转角结合都形成六个45度格角斜线。粽角榫在制作时三根料的榫卯比较集中，为了牢固，一方面开长短榫头，采用避榫制作，另一方面应考虑用料适当粗硕些，以免影响结构的强度。粽角榫结构家具外观上严谨、简洁，气质古朴典雅。

第九类，燕尾榫。两块平板直角相接，为防止受拉力时脱开，榫头做成梯台形，故名。

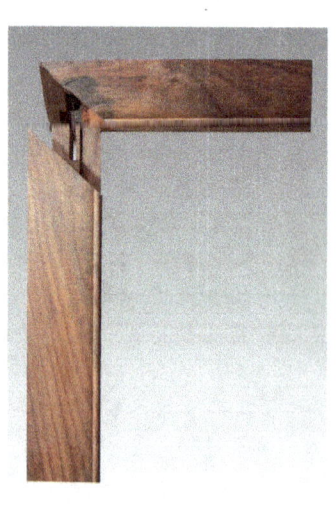

格 角 榫

第十类，楔钉榫。用来连接弧形弯材，例如：圈椅的扶手。基本做法是：将两片榫头交搭，同时榫头上的小舌入槽，使其不能上下移动。然后在搭口中部剔凿方孔，将一枚断面为方形，一边稍粗，一边稍细的楔钉插贯穿过去，使其不能左右移动即可。

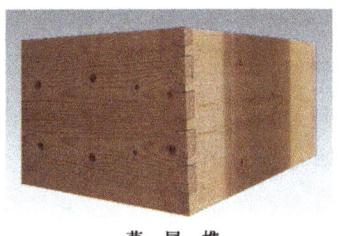
燕尾榫

第十一类，走马销。罗汉床围子与围子之间或围子与床身之间常用到走马销。是"栽销"的一种，指用一块独立的木块做成榫头栽到

走马销

构件上去，来代替构件本身做成的榫头。一般安在可装卸的两个构件之间。独立的木块做成的榫头形状是下大上小，榫眼的开口是半边大、半边小。榫头由大的一端插入，推向小的一边，就可扣紧。

63. 什么是攒边？

攒边是红木家具中椅凳面、桌案面、柜门、柜帮等部位常见的一种做法。所谓攒边，就是把板面插入由四根用肩格榫攒起来的边框之中，业内人士称"落槽"。其好处一是使板面与边框结合稳固，不易变形；二是避免暴露板面的截裁面，更为美观耐看。另外，面板因干湿发生伸缩时，通槽留有充分余地,不至于发生涨裂变形或收缩透缝等现象,不会造成全体结构的松动和家具体形的走样。而且,面板还可以选用不同的材料,施用各种工艺手法,表现出不同的效果,产生不同的功能。攒边作法,是我国传统木工工艺在家具形体结构中的一大特色,也是我国古代工匠的重要发明。

64. 什么是倒棱?

所谓倒棱,就是把家具中的直角峻棱加以漫圆角、漫圆线处理,既有刚劲挺拔之势,又有圆润清丽之风,方中有圆,直中有曲,寓刚于柔,极富委婉含蓄之美,而非锋芒毕露。

65. 红木家具有哪几种基本的木雕技法?

木雕艺术源于远古,7 000年前的河姆渡古文化遗址就出土了木制浮雕船桨、木制圆雕鱼和鱼形器皿等。到了商周时期,木雕艺术除器皿摆件外,已被广泛应用于家具。经秦汉、唐宋时期的过渡,日臻成熟。红木家具到明清时期木雕艺术达到巅峰。尤其清式家具更是以雕饰精美、繁多而著称于世。

木雕是家具装饰的一个重要手段。所谓雕刻之"雕",就是用凿子凿出轮廓。所谓刻,就是用刻刀精雕细刻。木雕的基本技法有阴雕、浮雕、镂雕、圆雕等。

阴雕也作沉雕,是低于木材平面、凹下去的一种雕法,工艺比较简单,一般用于阴雕的木材先髹色彩较深的油漆,然后再雕刻,因此,能产生一种黑白分明、近似中国水墨写意画的艺术效果。

浮雕是一种在平面上的浮凸表现,浮雕又分浅浮雕和高浮雕两种形式。浅浮雕,是指表现对象的压缩体形凹凸不到圆雕的二分之一,它接近于绘画,线条较流畅,有清淡、静雅的艺术效果。高浮雕，是指表现对象的压缩体形凹凸超过圆雕二分之一，它接近于雕塑，画面构图丰满，疏密得当，粗细相融，玲珑剔透。

镂雕又称"透雕"、"漏雕"，雕饰图案呈透空状。镂雕需要凿子及一种叫做"搜弓子"的特制工具。搜弓子一般用竹板弯成弓形，弦用钢丝剁成细齿，镂空而搜。一般用于红木家具的花心、花牙、花堵等需要特别加以装饰的部位

所谓圆雕，又称"立雕"，也称"六面雕"，立体造型，多面雕刻。一般用于较为高档、复杂家具的特定部位，如花头、龙头、凤头、柱头等。是一种完全立体的雕像，它的前后左右各面均须雕出有实在的体积，一般无背景，是可以从四周任何角度欣赏的具有三维空间艺术的雕塑。它的形态随着观看视线的移动而不断变更，每个角度皆具备完美的形式感。作品多取材于人物、动物和植物，常用作可欣赏的摆件。

工·艺·篇

此外，还有由基本雕刻技法发展起来的几种雕刻技法，如通雕、透空双面雕、镶嵌雕等。

通雕是一种在浮雕、镂刻传统的基础上是发展起来的一种技法。画面可以多层次地镂通，重重叠叠，因此通雕的内容具有很大的容纳性和高度的表现力。

透空双面雕就是用一种图案，进行正反两面雕刻，两面

木雕制作

都能欣赏到同一图案，新奇玲珑可爱，类似苏州的双面绣。还有一种能在一块花板上，正反两面雕出不同的图案，出现不同的题材，这就需要艺匠有高超的智慧和巧妙的构思，才能解决这个难题。

镶嵌雕是将不同的质材，如玉石、象牙、珊瑚、牛骨、螺甸、铜皮、银丝等，先制成花卉、人物、楼台、树石等图案，然后依图案在木面上雕刻凹槽，再将这些图案镶嵌其间。镶嵌雕层次清晰分明，具有华贵的装饰效果。用多种材料镶嵌在一件作品上，称"百宝嵌"。清乾隆年间的百宝嵌作品最为繁复华丽。

66. 什么是浮雕？

浮雕又称"平面雕刻"。有深浮雕和浅浮雕之分，浅浮雕在红木家具中最为常见，而深浮雕则必须具备一定条件，一般用于厚料的大型作品。只有厚料才有可能深雕峻刻。深浅浮雕一般用于柜类的柜帮和柜门，桌类的前脸及两侧，椅类的椅背，床头及榻的三围等部位。

浮雕寿字图案

浮雕兼具雕塑与绘画的特点，用压缩的办法来处理对象，靠透视等因素来表现三维空间，并只供一面或两面观看。浮雕一般是附属在另一平面上的，因此在家具器物上经常出现。由于其压缩景观的特性，所占空间较小，所以适用于多种环境的

浮雕八宝图案

装饰。浮雕在内容、形式和材质上与圆雕一样丰富多彩。

浮雕的空间构造可以是三维的立体形态,也可以兼备某种平面形态;既可依附于某种载体,又可相对独立地存在。一般说来,为适合特定视点的观赏需要或装饰需要,浮雕相对圆雕的突出特征是经形体压缩处理后的二维或平面特性。浮雕与圆雕的不同之处,在于它相对的平面性与立体性。浮雕的空间形态是介于绘画所具有的二维虚拟空间与圆雕所具有的三维实体空间之间的所谓压缩空间。

深浮雕由于起位较高、较厚,形体压缩程度较小,因此其空间构造和塑造特征更接近于圆雕,甚至部分局部处理完全采用圆雕的处理方式。深浮雕往往利用三维形体的空间起伏或夸张处理,形成浓缩的空间深度感和强烈的视觉冲击力,使浮雕艺术对于形象的塑造具有一种特别的表现力和魅力。

浅浮雕起位较低,形体压缩较大,平面感较强,更大程度地接近于绘画形式。它主要不是靠实体性空间来营造空间

浮雕盘长图案

效果，而更多地利用绘画的描绘手法或透视、错觉等处理方式来造成较抽象的压缩空间，这有利于加强浮雕适合于载体的依附性。

一般说，深浮雕较大的空间深度和较强的可塑性赋予其情感表达形式以庄重、沉稳、严肃、浑厚的效果和恢弘的气势；浅浮雕则以行云流水般涌动的绘画性线条和多视点切入的平面性构图，传递着轻音乐般的平和情调和抒情诗般的浪漫柔情。

67. 什么是圆雕？

圆雕又称"立体雕"，是艺术在雕件上的整体表现，观赏者可以从不同角度看到物体的各个侧面。它要求雕刻者从前、后、左、右、上、中、下全方位进行雕刻。

———— 多宝格上的圆雕龙头装饰

由于圆雕作品极富立体感，生动、逼真、传神，所以圆雕对材料的要求比较严格，从长宽到厚薄都必须具备与实物相适当的比例，然后雕师们才按比例打坯。打坯是圆雕中的第一道程序，也是一个重要环节，特别是大型的圆雕作品，还需要先在泥土上打坯，订完"泥稿"后，再正式在材料上打坯。打坯的目的是确保雕品的各个部件能符合严格的比例要求，然后再动刀雕刻出生动传神的作品。圆雕一般从前方开雕，同时要求特别注意作品的各个角度和方位的统一、和谐与融合，只有这样，圆雕作品才经得起观赏者全方位的观摩。

就圆雕来说，它不适合表现自然场景，却可以通过对人物的细致刻画来暗示人物所处的环境。圆雕不适合表现太多的道具、烦琐的场景，要求只用精练的物品或其局部来说明必要的情节，以烘托人物。由于圆雕表现手段是极精练的，所以它要求高度概括、简洁，要用诗一般的语言去感染观众。正因为如此，硬要它去表现过于复杂、过于曲折、过于戏剧化的情节，将无法体现圆雕的特点。圆雕常常以寓意和象征的手法，用强烈、鲜明、简练的形象表现深刻的主题，给人以难忘的回味。

由于圆雕是空间的立体形象，可以从四面八方去观看，这就要求从各个角度去推敲它的构图，要特别注意它形体结构的空间变化。

68. 什么是镂雕？

镂雕也叫"通花雕"或"镂空雕"，是通过全方位雕、刻，全方位展示艺术作品的手法，其中包含了浮雕、透雕、圆雕等手法。即把材质中没有表现物像的部分掏空，把能表现物像的部分留下来。如古代雕龙，在掏空龙口腔的同时，要在口腔里保留下一颗珠。这颗珠是原材料的一个部分，雕刻者用细刀小心翼翼地通过龙嘴，往里凿出一颗珠来。这颗珠剥离原材后，不仅能滚动自如，而且还不能滚出龙嘴。

　　基于镂雕的难度很大，所以从材料挑选、作品布局、刀具配备到雕刻程序等，都与一般的雕刻技法有所不同。镂雕的木料必须质细性纯，尤其是镂空部分，更不应有裂纹，否则容易造成断裂。镂雕使用的工具，除一般雕刻刀具外，还需要特制的长臂凿、扒剔刀、铲底刀、钩型刀，以及小锯剌

镂雕卷草葫芦纹

工·艺·篇

镂雕窗格图案

等专用刀具。由于镂雕内部景物用刀空间的限制,只能依靠扩大入刀方向的办法来克服操作上的困难,所以镂雕景物的设计要求最好是多面透空。一般来说,透空的方向愈多,空洞愈密,镂雕就愈易,效果也就愈佳。镂雕的程序是先外后内,待外层景物及其他衬景的打坯、凿坯工序全部结束之后,才能进行镂雕。

69. 修复古旧家具的原则是什么?

中华民族历史悠久,中华大地幅员辽阔,人口众多,有大量古旧家具藏于民间。长期以来人们并没有认识到它们的历史文化价值。这些古旧家具虽然造型典雅、材质精良、做工细腻,但毕竟历经少则几十年、多则上百年的风雨,已严重破损,还有的缺失了牙子、枨子等部件。留之难堪,弃之不忍,于是古旧家具修复便提到了议事日程。

修复古旧家具的原则是必须保持原作的品相风韵,沿用原作的大部分构件。突出古家具雕刻精、打磨细、结构好、造型美、材料整和花纹多等特点。

修复用紫檀、黄花梨等珍稀硬木制成的名贵高古家具时,如果家具本身外观状态保存良好,修复时应该尽量保留包浆;如果残破严重,除了在腿足、顶底、后身等隐蔽处保留少量自然风化的痕迹外,要适度复原其始制之初的精美状态,彰显其名贵木材特有的纹理和质地。在保障结构牢固端正的前提下，对榫卯接口的严密程度不过分强求，适度松散并不影响此类家具的价值，相反还是其年代久远的证明。

修复古旧民间家具，要尽力清除其外表过度破损不美观之"旧"。修复破散的结构，还其精美的本来面貌。仅在足底背板等处留下验"旧"的残损。对于漆木古旧民间家具，需要针对漆膜情况区别对待。漆皮已大部分或完全脱尽的柴木家具，除必要的结构修补外，可以充分表现肌理的风化之旧，提升其所蕴含的时空之美。对于漆皮保存尚好的擦漆罩油类家具，良性磨损较多，破"旧"中往往带有浓厚的人情味，其漆木的斑驳相间，正是其人文价值的所在。清洁污垢，修整结构的同时，需要对其年久失光的漆色进行封护润泽，以再现民间家具亲切实用的朴素美。对于披麻挂灰、描金彩绘的大漆家具，其价值全在漆艺绘画。一旦丝麻脱落腐朽，很难简单修补。为照顾其整体观感的完整性，可对其残损较大的局部漆皮进行补漆补色，对已失金褪色的漆画，原则上不应去描补。而且残缺美的意境会留给人更多的想像空间，因此大漆家具要求修旧如旧。

古旧民间家具的修复工艺因其自身材料、结构造型、雕刻装饰、制作手法的特点，不能用古旧家具修复的工艺一言蔽之，两者各有侧重。但是不论哪种古旧家具在动手修复前，都要弄清其类型、特性及用途，并对其时代背景、材料性能、榫卯结构、髹饰工艺等十分熟悉，修复后尽量保证材料相同，结构和造型一致、制作手法协调。同时要遵循古物修复的可逆性原则，即能够恢复到原状。

70. 旧红木家具翻新有哪两种基本做法？

第一种是整旧如旧。保留原作木材，包括漆皮的原状，修补的缺失部位也需作旧，从而给人以饱经沧桑之感。

第二种是整旧如新。将残存的漆皮全部处理干净，将各部件全部打开，然后重新刨平、打磨、擦漆或打蜡，给人以焕然一新之感。

71. 仿古家具的制作有哪些手法？

仿古家具包括仿制和伪造古代家具，有的是为了商业目的而造假，也有的是因为想复制古代家具的样式而仿制。归纳起来，仿制古代家具主要有如下手法。

第一，按照流传的古代家具图录制造。用的是新材料，或者未做成家具的陈年木料。这类家具价值根据做工和材料的差异而有所区别。

第二，利用完整的古代家具，稍加变化或将不同古家具的造型、纹饰等进行拼凑。例如方桌面上加上另一张椅子的四条腿，再加上某一半桌的面板拼成一张桌子，虽然看来都是老材料，但因为是拼凑而成，可能比例不对，已失去古家具的基本形态，本质上是仿古。

第三，完全仿照旧器。直接比照收藏的旧家具进行制作，比第一类往往做得更逼真，有的还人为进行做旧处理，就更不易辨别。

第四，旧家具改造。有些原件虽然损坏很严重，但用于修补损坏部分，例如座面、背板等处都是同质的老材料，看来几乎与原作一样，常被误作原件。

仿古家具多数为仿红木家具，用其他木材制作仿红木家具通常使用以下制作手法。

第一，选材。一般选用颜色较淡质地优良树种材料进行着色仿红木。

第二，表面处理。要除去木材表面脏污（如油脂、胶迹、灰尘、磨屑等）以及部分材料内含树脂、色素，如果不除去脏污物质，会影响着色附着力及染色均匀度。

第三，漂白。对于浅色或木材色斑和颜色色调不均匀，或是深色木材要使其颜色减淡，需要进行漂白后再进行着色。

第四，着色。为了起到仿古效果，有的使用仿古漆。通常在产品的边缘、拐角处、刀型、拉槽或雕花处做出特有的效果。再加强一些艺术修饰，以强化其仿古效果，使之更具价值和引人注目。具体方法是用破布擦拭，再用毛刷刷那些破布没有擦拭到的死角，然后用破布以顺时针或逆时针方向将仿古漆擦拭至中等干净，同时借着擦拭动作，让溶剂挥发以使色浆渗入木材导管。然后用0号钢丝绒顺着素材导管，擦拭出明暗，再用毛刷将明暗刷柔和，以达到仿古、立体和层次感的效果，然后干刷，有必要时，干刷金或干刷银。

72. 红木家具主要有哪几种金属饰件？

黄铜面叶及吊牌

铜制双夔纹吊牌

白铜面叶

红木家具中的饰件多用白铜或黄铜设计制作,此外也有用景泰蓝饰件等。这些饰件既有实用功能,也有装饰功能。就其载体和功能而言,主要有面叶、合页、扭头、吊牌、吊环、牛鼻环、拍子、包角、套腿等。其造型、规格、雕饰因其应用载体的风格不同而不同,也是变化万千、多种多样的。

铜制龙纹合页

红木家具投资收藏入门 美学篇

73. 红木家具的创作原则是什么？

第一，内容与形式相统一的原则。一定的内容总要通过一定的形式来表现。没有无内容的形式，也没有无形式的内容。过分注重形式，就会导致华而不实、中看不中用的结果。过分重视内容，而不讲究以恰到好处的形式来表现，也就失去了家具的美学价值和装饰功能。而红木家具最为讲究内容与形式的统一。如艺术性与实用性、造型与纹饰、题材与工艺、材料与技法、主题与意境、局部与整体都要相互呼应，相得益彰。

第二，神形兼备的原则。红木家具的创作讲究以神造形，以形传神，要富有神韵。否则，有神无形，虚无缥缈；有形无神，苍白无力。处理得不好，还会貌合神离。

第三，恰到好处的原则。不到位不行，过了头也不行；不足为憾，过犹不及。

应该说，这三条原则不仅是红木家具的创作原则，也是一切艺术门类的创作原则，是艺术的最高境界，也是一种永无止境的追求。

第四，人体工学的原则。家具的尺度、倾角、靠背斜度、色彩和光泽度都要根据使用的特定需要，符合人体尺寸、人体动作尺度，以及人的各种生理特征。要避免因家具设计不当而导致人体疲劳、紧张、效率低下。使人和家具达到一种和谐，使人的生理和心理均得到最大的满足，从而提高工作与休息的效率。

第五，因材施艺的原则。红木家具离不开雕刻，红木雕刻最大的特点就是因材施艺，常常要根据材料的特征、大小，对材料恰当处理，力求达到最佳艺术效果和使用功能，在雕刻过程中强调感情支配技法，没有情感的作品，即使技艺精湛，也会让人感觉了无生气、冷冰冰的。

总之，红木家具是为人服务的，又需要与环境相协调，要充分体现时代特点和特定文化、特定的生活方式。

74. 红木家具创作从哪几个方面体现了中国传统文化理念？

中华民族五千年文明史，造就了辉煌灿烂、博大精深的民族文化。而红木家具作为中华民族优秀传统文化的代表之一，不是孤立存在的，体现了中华传统的哲学思想、儒家学说，并与其他文化艺术门类有着密不可分、千丝万缕的联系。红木家具创作从以下几个方面体现了中国传统文化理念。

第一，红木家具对古代哲学思想的阐释。

首先，中庸之道是中国传统思想中最为典型的处世之道，在红木家具中有明显的体现。传统红木家具造型往往中规中矩，不仅整体造型对称，图案也大多对称分布。局部雕饰通常不影响整体效果，以小面积繁复的装饰衬托家具整体造型的简洁大方。色彩厚重而不沉闷，华美而不艳俗。

其次，"天人合一"思想是中国古代哲学的核心。今天看来，天人合一思想的核心就是人与自然的和谐。具体表现为人与物的和谐、人与人的和谐、人自我身心内外的和谐等。红木家具以其质地坚硬、色泽幽雅、肌理华美的自然之美，以稳重、大气、简洁流畅的态势之美；以圈椅、牙板、马蹄脚等寓意生动的造型之美充分表现了造物与自然之物的和谐。

另外，红木家具严密的比例尺度，圆中有方、方中见圆的设计，体现了中国古代天圆地方的哲学思想。

第二，红木家具对古代宗教、学术思想的阐释。儒、佛、

美
·
学
·
篇

道对中国文化均产生过巨大的影响,形成了所谓"以儒治世,以佛治心,以道治身"的中国文化特色。在宗教,特别是儒教的广泛影响下,中国文化形成了"顺应自然、崇尚节俭"的生活信条,"不以物喜、不以己悲"的处世原则和"抱朴守真、寂空无为"的价值取向。表现在红木家具上,则是曲线与直线的对比、柔中带刚、虚实相生、灵动而沉着。

第三,红木家具对古代审美思想、文化艺术的阐释。早在原始社会,人们尚且知道用贝壳串作项链装饰身体。春秋战国及两汉时期的油漆、彩绘、雕刻、镶嵌和错金银工艺装饰已经相当流行。出于审美的需要,红木家具在满足实用功能的同时,在造型、装饰方面运用各种工艺技法,并结合中国书画重视意境的特点,使家具既实用又赏心悦目。红木家具还结合民俗习惯,在装饰中大量运用吉祥纹样,使红木家具有了祝福的寓意,满足人们的精神需要。

75. 红木家具创作是如何体现"天人合一"哲学思想的?

自古以来,中国哲学界就有朴素的唯物论传统,我们的先人对宇宙万物、大千世界的形成持"元气说"。认为宇宙的本源是气,清气上升为天,浊气下沉为地。天地交合(亦称"阴阳交合")孕育万物。今天看来,虽然并不是很科学的,但却体现着朴素的唯物主义思想并与当今的宇宙大爆炸论有某些相似之处。

天人合一哲学思想的核心内容,就是强调人与自然的统一,人与自然的和谐,最终落实到"以人为本"。我们中国人在观察事物,思考问题时,总是在"天地人"这个大框架下进行的,讲究"天时、地利、人和"乃是诸事成功之道。这与西方中世纪的神学大相径庭。天人合一的思想逐步形成

清代黑漆彩绘圆后背圈椅(早期)

了一个内容广泛、博大精深的文化体系。

正是从天人合一的思想出发，中国传统的艺术理论讲究"人法地，地法天，天法道，道法自然。"简而言之，"师法自然"。表现在红木家具上，源于自然，源于生活，讲究功能的实用性，注重人性化，物为人造，物为人用，尊重人的需要与情感。而不是让人为物所累，不是形式主义，唯美主义。

76. 红木家具是如何体现儒家学说的？

两千多年来，儒家学说从"孔子著春秋，使乱臣贼子惧"，到汉武帝采纳董仲舒的建议"罢黜百家，独尊儒术"，再到南宋朱熹系统地归纳为"三纲五常"，影响深远。

简单地说，儒家学说的核心内容，一是仁——仁者爱人；二是礼——非礼勿言、非礼勿听、非礼勿视、非礼勿动，讲礼仪、讲秩序；三是和——和为贵、讲和谐；四是中庸——不偏谓之中，不易谓之庸。

表现在红木家具上，就形成了庄重大气，清秀典雅，自然朴实的风格，而不是过分张扬。猛一看，便令人赏心悦目，细端详又分明感觉到，还有一股内敛含蓄的气质，具有大家风范和儒雅之气。但同时也体现了对等级礼制的某种规范性。

77. 红木家具创作与古建园林的关系是什么？

中国传统建筑历史悠久，源远流长，具有庄重、威严、富丽、豪华的民族风格。经过几千年的发展，形成了如古建专家林徽因所称道的"东方最显著的独立系统"。

中国传统建筑最显著的特点之一是以砖木结构为主要体系，采用的是"四梁八柱"的架构式原则，每个构件作榫卯结构连接在一起，从而使整体布局和结构严谨和谐。而红木家具的造型、结构与古建密切相关，相互借鉴，相伴相生。除如出一辙的榫卯结构外，古建中的梁、柱、柁、檩、枋、檐、额都与家具中的柱、牙、枨、腿、束腰等既相互对应而又迥然不同。王世襄先生在《明式家具珍赏》一书中，在谈到中式家具与中式建筑的关系时总结道："不同家具的不同造型都忠实于不同的渊源，彼此之间界限分明，这是传统家具的造型规律。"

至于中国式园林与欧式园林具有明显人为痕迹的、中规中矩的几何形图案布景也是大相径庭的。中式园林虽为人造，却又努力贴近自然，有虚有实，有真有假。而中式家具最为讲究造型的自然之美，和谐之美；讲究静中有动，动中有静的韵律感，如行云流水，潇洒流畅。

随着社会的发展，建筑与家具的关系越来越密切。按照房间格局来设计、配置家具渐成时尚，成为室内装饰的重要内容。

美·学·篇

78. 红木家具创作与书法绘画、戏曲有何关系？

红木家具与书画、戏曲等属于不同的艺术门类，都有各自独立的、自成体系的表现形式。虽然隔行如隔山，但隔行不隔理，艺术上有相通之处，美学上有共同理念。例如，红木家具的线条之美与书法绘画艺术的线条之美，都有异曲同工之妙。此外，红木家具与这些艺术文化门类的共通性，表现为以下四个方面。

第一，讲究程式，有一定之规，但又并非程式化，就像搭积木一样，多种元素可以有多种组合。也就是说，要在规矩与创作之间寻找最佳集合点。

第二,写实与写意、抽象与具象相结合,虚实相间。国画大师齐白石在谈到写意画时说:"不似则欺世,太似则媚俗,妙在似与不似之间。"其实这也是其他很多中华艺术门类的特点之一,是非常美妙之处。例如,圈椅含有天圆地方之意,官帽椅因搭脑颇类官帽而得名,更是写意之法的得意之作。

第三,讲究意境,情景交融,寄情抒怀。中式家具艺术性与功能性的完美结合,如诗如画,令人心旷神怡。例如正

———— 黑酸枝家具一套 ————

方形的八仙桌、圆形的团圆桌；再如美人榻、小姐柜、太师椅、灯挂椅等，顾名思义、妙趣横生。

第四，讲章法、讲布局、讲整体效果。犹如中国画，讲究诗书画印为一体；犹如中国书法，既注重每一个字的结构，更注重整体章法，强调局部与整体的完美统一，其魂在于气势、神韵；又犹如戏曲舞台上，讲究生旦净丑、唱念做打一台戏。表现在中式家具上，就是面、膛、背、角、条、线、边、板、牙、腿、足、枨、腰、门、屉、格、圈、榫等部位的曲与直、方与圆、横与竖都安排得恰到好处。各种纹饰、各种金属饰件的巧妙构思和变幻组合，讲究协调统一，非常形象，因而也实现了庄重、灵动与舒适的高度统一。

79. 红木家具对环境的适应性表现在哪些方面？

红木家具的造型美、材质美、韵律美，使之成为环境艺术的重要组成部分。而且红木家具对环境具有极强的适应性，这是中式家具的又一大特点，主要表现在以下三方面。

第一，在四合院里，无论是正房，南房，东西厢房，摆设红木家具，相映相谐，无比般配。但也可以摆放在现代建筑内和单元式楼房内，同样美妙绝伦。

第二，室内若施以隔扇、花罩、花窗、栏杆、壁挂、纱橱等中式装饰，再配上红木家具，相映相谐，珠联璧合。即使室内只是四白落地，未做什么装饰，或者是非中式装饰，摆放红木家具后同样会有高雅庄重的气势，韵味无穷。

第三，在一个房间内全部摆放红木家具，古色古香，民族风格浓郁。但红木家具也可以与其他家具同置一室，互为主辅，互为点缀，或中西合璧，或古典与现代交相辉映，也会收到出奇制胜，相异而相谐的艺术效果。

总之，相映而相谐，相异也相谐。相映相谐而不呆板，相异相谐而又并非不伦不类。和而不同，违而不犯。但一定要注意的是，有主题，有点缀，有主有辅，不可平分秋色。

那么，红木家具为什么对环境有如此广泛的适应性呢？除了集实用性、艺术性、科学性、装饰性于一体，而造型又端庄典雅、自然大方之外，还有一个重要原因就是富于变化。例如，相同的造型，在规格尺寸上却可以相应地放大或缩小。在装饰图案方面，也可多可少，可繁可简。由此使红木家具具有极强的亲和力，可以满足不同环境、不同客户的不同需求。

80. 红木家具配置与摆放的个性、共性原则是什么？

单元式楼房与四合院格局不同，家具配置与摆设也有区别，但也有很多可以相互借鉴之处。以单元式楼房为例，除卫生间和厨房外，一般分为客厅、卧室、书房、餐厅。由于房间的功能性不同，红木家具的配置与摆设一般应遵循以下两条原则。

第一条，个性原则。

客厅：要注重庄重性，讲究礼仪。

卧室：要注重舒适性，讲究温馨。

书房：要注重文化性，讲究雅致。

餐厅：要注重聚合性，讲究集中。

第二条，共性原则。客厅、卧室、书房和餐厅这四种房间家具的布置都要做到疏密得当，不能太空荡，也不能太拥挤，合理利用空间；在风格上，既不要太单调，又不要太斑杂，说一句俗话就是不要太"花哨"；总体上要做到自然、典雅、舒适、温馨。

81. 什么是吉祥图案？

吉祥又称"祥瑞"、"吉兆"，祥瑞思想在我国历史上由来已久。

在中国传统文化艺术品类中，无论石器、陶器、铜器、瓷器、玉器、建筑、家具乃至服装等，无不装饰各种图案及纹饰。而这些装饰图案又大多具有福禄寿喜、吉祥如意等寓意。既表达了人们追求向往美好生活的愿望，也赋予器物蓬勃的生命力和艺术观赏性。

这些以含蓄谐音等曲折的手法组成的具有一定吉祥寓意的纹样都可以称作吉祥图案，吉祥图案的起源最早可以追溯到商周时代，而明清时，几乎到了图必有意，意必吉祥的地步。

吉祥图案除祈祥纳福之外，也还蕴涵着一定的教化意义。

吉祥图案所表达的含意主要包括："福、禄、寿、富、贵、喜"等，常根据动植物的特性，取其形象作为象征符号，如用松柏代替长寿，用石榴、葡萄象征多子多福等。也经常采用谐音手法表达吉祥含义，如：用蝙蝠象征"福"，用鹿表示"禄"等。

典型的吉祥图案如"福寿图"，由五个蝙蝠和寿字组成的图案，表示"五福捧寿"；而由多个蝙蝠和寿字组成的图案，则表示多福多寿。

"双喜图案"是双喜临门、大吉大利的意思，常在结婚时采用。

喜上眉梢

双龙戏珠

"福寿三多"用佛手象征"多福",用桃象征"多寿",用石榴象征"多子"。

"连生贵子"则用莲花或莲蓬及童子,再加上乐器"笙"表达寓意。

八宝纹

———— 双 龙 捧 寿 ————

82. 红木家具在吉祥图案的运用上有哪些特点？

红木家具中的祥瑞图案，大多是以木雕形式来表现的。其题材的选用，雕饰的繁简和艺术风格都与家具的整体规格和风格密不可分，从题材角度讲，大体上有以下三种形式。

一是谐音法。中国的方块汉字属于象形文字，具有语汇丰富、谐音变通、谐音象征和富于联想等特点。表现在家具上是元素符号的多种多样和变化万千。如福寿二字都有百种字体，又如蝠（福）、鱼（余）、鹿（禄）等亦是如此。

二是组合法。即将奇花异草，珍禽瑞兽多种吉祥之物组成一组具有特定含义的吉祥图案。如五福捧寿：多用五个蝙蝠围绕一个团寿字或长寿字，传统的五福是指寿、富、康、德、考。百事如意：由柏、柿子、如意或灵芝组成，喻事事称心如意。福庆有余：由蝠、磬、双鱼组成，喻多福多庆，生活富足，这组雕饰图案在柜门上多见。又如四君子：梅兰竹菊；岁寒三友：松竹梅；四灵：龙凤龟麟；四逸：渔樵耕读、琴棋书画等。再如：龙凤呈祥、富贵祯祥、马上封侯、喜上眉梢、福寿三多、麒麟送子、松鹤延年、五子登科、佛八宝、道八宝、杂八宝等图案组合就不再一一叙述了。

三是讲故事。因构图较为复杂，场面较大，一般用于屏风、门扇和大型柜类，题材如八仙过海、群仙祝寿、二十四孝以及取自三国、红楼、封神等故事。

至于龙纹、凤纹、回纹、云纹、蝙蝠纹、螭纹、拐子、草勾、万字及几何纹样则多用于家具的边框部位。

在艺术风格方面也是多种多样，或繁或简，或写实，或写意，或变形，或精微细腻，或粗犷大气。

双鱼盘长纹样

宝瓶、宝扇纹样

松 鹤 纹

红木家具投资收藏入门 [发展篇]

83. 如何理解红木家具的与时俱进？

正像世间任何事物一样，红木家具也有一个从无到有，从产生到发展的过程，体现着与时俱进的时代品格。

红木家具的发展也是有盛有衰的，甚至曾面临灭顶之灾。然而，"野火烧不尽，春风吹又生"。当今太平盛世，国泰民安，红木家具又重放异彩，被越来越多的人所钟爱。她之所以有如此强大的生命力，正是由于她深深地植根于中华民族传统文化的肥田沃土之中。优秀的民族传统文化具有永久不衰的魅力，愈是民族的也就愈是世界的。

然而，时代毕竟在发展。在信息时代，随着国家经济的发展，科学技术的进步，人民生活水平的提高和居住条件的改善，人们的生活情趣和审美观念也呈现多样化的趋势。因此，红木家具也必须与时俱进，将传统风格与时代潮流相融合，既保持古香风韵，又体现时代特征，使人似曾相识，而又耳目一新。传统艺术只有不断融入新鲜血液，才能永葆青春。如红木沙发，取中式造型、纹样、典雅华贵，配有软垫，冬夏两宜，可硬可软，尺寸适合会客，非常受人欢迎。

此外，在红木家具生产中对材料处理，加工技术也应作新的改进和探索，以适应时代需要。

84. 如何理解后世家具仿明说？

"明式家具"在业内是有争论的。一种观点认为，明式家具是指明代至清代前期生产的，具有鲜明时代特点的一种家具。但实际上，此观点所谓"明式"应为"明代"更确切些。另一种观点所说"明式"则是就其基本特征和艺术风格而言的，而且是一个渐进的过程，并非以时间为界限一刀切的。因此，似可将两种观点相融合，从狭义与广义两个角度

红酸枝罗汉床

来解释。

从狭义角度讲,明式家具是指明代至清代前期生产的,具有鲜明时代特点的一种家具。从广义角度讲,明代,乃至从明至今,凡具有明代风格的家具,皆可称为明式家具。

由于明式家具达到了极高的美学境界,并使家具的实用性、艺术性、科学性、装饰性完美结合,故后世纷纷效仿。以清代为例,虽然自乾隆朝之后,产生了别具一格的清式家具,但明式家具仍不乏佳作。从民国至今,亦是如此。

有了前面的铺垫,我们再来谈后世家具仿明说。也有业内人士认为,只有按照明代家具代表作原式原样的仿制,才是仿明家具。其实按照这种理解去解释,与其说是仿,不如说是复制更准确些。另一种观点认为,在保持明式家具的基本特征和基本风格的前提下,有所变通和演绎,而又不失明式家具的风范,可称"仿明"。如果要咬文嚼字的话,仿制与复制的确涵义不一样。

由此,我们仍可把仿明一说理解为狭义和广义的两种解释。从狭义角度讲,是指原样照做。从广义角度讲,是不变中有变。

从实践角度而言,复制品固然有很高的美学价值。而仿

发·展·篇

制品，只要仿得好，仿得巧，仿得妙，而不是非驴非马，不伦不类，同样有极高的美学价值。从与时俱进这个角度讲，仿制经典之作，不仅是必然的、必要的，也更能体现古典风韵与时代气息的有机结合，更能体现古为今用，推陈出新的艺术创作原则。

85. 红木家具的创新原则是什么？

首先要讲继承，不讲继承就是无源之水，无本之木；然后才能谈得上创新。不讲创新，红木家具的生命之源就会枯竭。而创新的原则是要把握好尺度。变中有不变，不变中有变，万变不离其宗。这个"宗"还是传统二字。失去了传统，也就失去了自我，或者嬗变成了别的什么东西。总之，传承的体系要完整，自身的特色要保留。仿古而不拘泥古，创新而不出格。借用京剧大师梅兰芳的一句话来说，叫作"移步不换形"。

近年来，中式家具继承与创新的实践证明，凡是成功之作，无不遵循追求"高、雅、精、深"的原则；而失败之作则往往在于片面猎奇，片面地追求"新、奇、怪、异"，以至于不伦不类。例如，一张小巧的圆桌配两把圈椅，古色古香、玲珑剔透，温馨的情调尽在其中，被称作"鸳鸯桌椅"，很受欢迎。然而，有的梳妆台上半部镜框属于欧式风格，而下半部台面、屉、门、腿和坐凳却是中式风格。如此嫁接就很不舒服，自然也就很少有人问津。

86. 当代红木家具的流行趋势是什么？

红木家具被世人誉为东方艺术的一颗明珠，其简练的造型、以线为主的结构方式；适度的装饰原则，严谨的构造，

红木家具投资收藏入门

精致的工艺,不仅为古人所喜爱,也同样为现代人所追捧。

与其他物品一样,红木家具也需要与时俱进,将沉淀了数百年的厚重文化与新时代连接起来,呈现新时代的流行趋势。

从造型与功能方面看,当代红木家具更加注重人性化、个性化和舒适性。如今,由于社会生活节奏加快,人们在紧张繁忙的工作之余,非常需要一种风雅怡情、恬静神清的休闲氛围和艺术享受,因此家具的创意应该体现人性化和人情味。

例如,在旧时代尊卑上下等级森严,即使在家庭中也是长辈威严,小辈恭顺,站有站相,坐有坐相,所谓"坐如钟,站如松"。而现代家庭父母子女之间往往非常随意而亲昵。因此虽保持中式风格,却把桌椅的高度降低了,椅子的进深加大了,椅背和搭脑的弧度也适当加大了,与正襟危坐相比,非常舒适。床榻也做得更加宽大,高度也适当降低了,有的床头和榻围还增加了如意框,从而打破了呆板之气,有生机勃发之感。但宽大的床榻在楼房的电梯、楼梯中搬运起来很不方便,于是又借鉴拆装方式,采用暗榫连接,既保持外观的完美,又便于拆装运输。

发·展·篇

从美学价值与艺术风格方面看,当代红木家具一是更加追求繁简得当,恰到好处,在更加简约的同时,突出一个"雅"字。当然,也不是越简单越好。正所谓"不足为憾,过犹不及"。二是更加追求神形兼备,以神造型,以形传神。

例如,有些朋友,特别是青年朋友,虽然非常喜爱中式家具,却又觉得明式家具过于简朴,而清式家具又过于繁琐。为了满足各界人士的广泛爱好,有些家具除色调偏于淡雅外,再点缀变形、写意类的简约图案,从而达到吉祥如意而又不落俗套的意境。再如窗格,就其原本的功能而言,多是直棱直线掐花,但窗格式配玻璃板做成桌面,花格就修饰为泥鳅背，圆润清丽，有立体感。再配上牙子板，更显饱满到位，更加富有神韵。

电话、电视、电脑已经走进千家万户，于是现代新潮造就了新古典主义。各种款式、各种规格的电话桌将古典风格的多种元素运用自如。由叠被格、联三柜、炕柜、药柜等组合演化而来的电视柜，有的是整体结构，有的是多件组合。既充分满足了电视机、影碟机、光盘、音响等配套组合的功能，又颇具王者之风。至于由写字台和架几案融会贯通，加以改造而形成的电脑桌，也是古朴大方而实用。

红木家具投资收藏入门

投资篇

87. 红木家具为什么受到人们的钟爱？

红术家具之所以得到人们的钟爱，是与它的材料、工艺、文化、艺术及实用价值分不开的。换句话说，红木家具可以说是集艺术价值、实用价值于一体，具有极强的增值、保值作用。

从艺术与文化内涵方面来看，红木家具堪称中华文化的瑰宝和杰出的艺术品。

红木家具木材本身具有纹理优美、色泽醇厚的美感，制作工艺（雕刻、榫卯、镶嵌、曲线等）又极为精良，造型往往既考虑使用和环境的需要，又重视文化内涵、形神兼备。因而使红木家具整体上淳朴端庄、外柔内刚、雍容大度，具有极强的东方文化特色。不仅为国人所喜爱，也为国外人士所推崇。英国设计大师齐彭代尔为英国皇室设计了一套明式家具式样的宫廷家具而轰动整个欧洲。如今，红木家具已从实用性家具上升为收藏类艺术珍品，深受国内外博物馆青睐。

花梨画案

从保值、增值角度来看，收藏红木家具也是人们投资的重要渠道之一。

明代的红木家具，距今也不过几百年时间，比起那些几千年的老古董来说似乎不算什么，但其收藏价值却不可小看。因为红木的硬木特点，很多老红木家具不仅木材本身没有因为时间的流逝而朽烂，相反，在岁月的磨砺中越磨越光，越沉积越结实。而且，与其他很多收藏品不同的是，红木家具可以在使用的同时增值，不会像很多古董那样只能放在博物馆或者专门的收藏间里等待升值。随着时间的推移，珍稀的红木资源只会越来越少，很多已经无材可用。物以稀为贵，红木家具的增值趋势基本上无法避免。所以，红木家具的收藏越来越得到投资者的青睐。

投 · 资 · 篇

另外，红木家具多方面的实用价值也是它为人们所钟爱的重要原因。

红木是家具材料中的极品，具有优良的天然木材花纹和悦目的材色、舒适的触感，能让使用者赏心悦目。这些特性，显然不是其他家具所能媲美的。

88. 应从哪几个方面分析判断红木家具的投资收藏价值？

红木家具的投资收藏价值是由多种因素构成的，因此分析判断红木家具的价值，也应从多方面多角度来考虑。但一般而言，构成红木家具价值的因素主要有：年代、存世量、完好程度、材质、品相、做工等六个方面。

首先，古旧红木家具与近年新作相比，自然是古旧家具价值更高。但在古旧家具中年代越久远的，价值更高，特别是文物级的古旧家具更是价值连城。在年代相近的古旧家具中，存世量便成为决定价值的主要因素，所谓物以稀为贵。

在大体具备以上两个因素的前提下，古旧家具保存的完好程度，便成为决定其价值的主要因素。

然而材质也是决定红木家具价值的重要因素。例如，同一历史时期设计制作的，造型规格完全一样的家具，红木类与柴木类家具相比，价格至少相差十几倍，甚至有天壤之别。同样是红木，因材质有别，价值也大不相同。按价值高低排列，通常有黑、黄、红、白之说。黑即紫檀木，其价值一般高于其他红木类价值，其中小叶檀的价值高于大叶檀。黄，即黄花梨，其价值一般低于紫檀木价值，但也不尽然。在花梨木中，黄花梨的价值要高于草花梨，在黄花梨中尤以海南黄花梨为最。红，即酸枝木。然后依次为鸡翅木、乌木、铁力木等。最后还要说明一点的是，同一红木的材种，在质地、成色方面会有区别的，其价格自然也不尽相同。此外，当地当时的存储量和交易量也是决定红木和红木家具价格的因素之一。

特别要强调的一点是，品相与做工也是决定红木家具价格的重要因素。所谓品相，包括造型是否美观，比例是否适度，结构是否合理，使用是否舒适。也就是人们常说的耐看，有品位。须特别说明的是，做工中包括至关重要的雕工。

如果说材质的价格是天然形成的，是大自然的恩赐，年代的远近是客观形成的，而非人的意志所能左右，那么唯有品相与做工，则完全取决于人的素质，取决于人的知识水平、美学修养、艺术功底和技术水平等综合素质。从这个意义上讲，红木家具的创作价值与书法、绘画等艺术门类的创作价值在观念上是相通的。其中，设计理念和设计水平又是决定性因素，从本质上讲，也属于文化创作范畴。

红酸枝元宝椅

在过去相当长的一段时间里,人们只是把家具看作是一种日用品,而没有把家具当作一种文化现象来审视,只是把家具当作是工匠之作,而没有把家具当作一种文化创作来看待。因此,我们把品相与做工作为决定红木家具价格的重要因素,强调的就是绝对不能忽视文化价值和文化内涵。

89. 选购红木家具应从哪几个方面着手?

首先要看材质。红木家具之所以为人所青睐,首先是因为红木家具所用的优质紫檀、黄花梨、黑檀、鸡翅木等木材非常珍稀名贵,这类树木成材往往要几百年,甚至上千年。所以,选购红木家具，首先就是要看其木材的种类、质地。真红木往往带有紫红色、黄红色、赤红色或深红色等多种自然色泽，质朴美观，幽雅清新，上漆后木纹仍然清新可见。假红木制品则往往想借助油漆掩饰其木材表面的缺陷甚至直接用油漆作假，一般颜色层较厚，常有白色泛出，无纹理或者纹理不够自然。

另外，即便表面的纹理不是完全作假，稍有差异的纹理，也可能源于不同木料，其价格差异可能会很大。比如海南黄花梨、越南黄花梨以及非洲黄花梨，名称相近，表面看起来也比较像，但价格相差极为悬殊。

其次，重点关注家具的结构和重量。正宗的红木家具不会使用铁钉，因为榫卯结构比用铁钉连接的家具更结实耐用。榫卯结构是榫和卯的结合，是木件之间多与少、高与低、长与短之间的巧妙组合，可有效地限制木制部件向各个方向的扭动。真正的红木家具，可以使用几百年或上千年。如果用铁钉组合，很可能木质完好，但由于连接的金属锈蚀、疲劳、老化而使家具散架。榫卯结构是中国传统家具制作工艺的尖端技术，也是传统式样家具的典型特征。另外，真红木家具坚固结实，质地特别紧密，比一般柞木要重。相同造型、尺寸的假红木家具，重量要比真品明显偏轻。

再次，看工艺品相。红木家具的工艺既是时代特征的综合反映，也是工匠艺术水平的直接体现。因为家具不仅是一件用具，更是家中的重要摆设，选购的家具耐看与否直接关系到使用者和家人每天的心情。而红木家具的工艺水准也是其能否增值的重要因素。家具的工艺水平不仅仅表现为做工是否精细，而是要体现在艺术水准的高低方面。现代一些并不高明的匠人仿制的传统雕刻图案，虽也相当精细，却呆板而缺乏灵气，也会令整件作品黯然失色。

90. 红木家具的投资与收藏应注意哪些问题？

红木家具的投资与收藏是一门很复杂的学问，若要涉足其间须谨慎从事，对于初学者更是如此。在进步红木家具的投资与收藏时应注意如下问题。

首先，要具有广泛的知识和丰富的经验，要多看、多学、多问。既要深入其间，又要乐此不疲。

其次，要有良好的心态。要使红木家具的投资与收藏成为一种自己的爱好、乐趣和人生享受。人们通过收藏这种消费行为，获得的是心灵的充分满足和高层次的感官享受，它的精神意义远远大于物质意义。

投资并不一定都有收获，有可能捡漏，也有可能打眼，都要泰然处之，既要赢得起，也要输得起。当然，还需要有一定的财力。而且，相对于股票、地产，红木家具的流通性并不强，投资未必很快得到回报，特别不适宜跟风，应该以收藏的心态，在充分了解的基础上购买。特别是一些已经绝版的红木家具制品，更要慎之又慎，因为这些东西造假、掺假的可能性很大，如果要买也一定要找非常懂行的专业人士帮忙参考。

此外，有些古旧家具已属于文物范畴，对于文物的保护和文物的交易是有法律规定的，因此要知法守法，避免陷入误区。

投·资·篇

91. 为什么说红木家具的投资与收藏必须要掌握相关的知识？

红木家具具有博大精深的历史文化内涵，红木家具的投资与收藏是一门很深的学问。不但要有一定的专业知识，还要有广泛的历史、文化、美学、文学、艺术知识，是一种专业性、学术性和实践性很强的科学鉴赏活动。俗话说得好"外行看热闹,内行看门道",不具有既广泛又专业的知识,往往看其表,而不知其里,就难以掌握红木家具的真谛与精髓。有知才有辨,有辨才有鉴。方向不明决心大,心中无数有主意,投资也就难免要失败。

艺术收藏品的流通渠道主要有三种方式,即地摊交易、古董店买卖和拍卖行拍卖。不论是从哪种方式购买藏品,都需要具备大量的相关知识。现在造假的手法越来越多,很多企业也用各种手法以次充好,红木家具市场陷阱非常多,连收藏家都要花很大的精力和时间来辨别真伪。普通消费者如果对红木家具缺乏必要的知识,是难以进行正常的投资和收藏的。

92. 为什么说红木家具的投资与收藏必须要有胆识?

在过去很长的一段时间里,红木家具、特别是古旧家具被毁弃的太多了,实在令人扼腕叹息,因此现今的存世量已经不多,且红木资源也日渐稀缺。如今,欣逢太平盛世,由于收藏热与存量少的矛盾,就难免泥沙俱下,鱼龙混杂,真伪难辨,即使是行家里手,也难免有看走眼的时候。

因此,红木家具的投资与收藏也要有胆识。表现在两个方面,一是看准了,该出手时就出手,不要犹豫不决,错失良机。不能仅仅在价格上坚持不下。这样的教训是很多的。二是在年代、存世量等方面,并未完全吃透、确定的情况下,只要对材质、品相、做工等几个要素拿得准,特别是价格能够接受,至少是物有所值,乃至物超所值而具有一定收藏鉴赏价值和增值空间,也要该出手时就出手,要有超前意识。胆识本是两种不同的能力,胆是胆量,识是见识。也就是

小叶檀雕龙多宝格

说收藏者既要有决断能力，也要有眼力，唯有胆与识有机结合在一起，才能发挥重要作用。有胆无识，仅凭冲动鲁莽行事，难成大器；有识无胆，一步三回头，亦难有收获。

不应否认，红木家具投资收藏确有一定风险。但在一定条件下，也要敢于冒险，有得有失也是正常现象。

93. 为什么说红木家具收藏必须要有缘分？

人们常把收藏称为"淘宝"，很形象，也很有道理。"淘"是需要有机遇的，而机遇也往往稍纵即逝，并非人人都抓得住。能够抓住机遇就要有缘分，要想抓住机遇，就要勤转勤看，众里寻他千百度，也许会偶有一得，这就是缘分。而且这种缘分，具有不确定性，苦心搜索的东西，也有可能是"有心栽花花不开"，但也许在寻觅之中"淘"到意外之宝，"无心插柳柳成阴"，这也是一种缘分。

要与藏品有缘，并能把握这个缘分，离不开过人的眼力、勤快的脚力和坚忍的毅力。如果没有过人的眼力，再好的东西摆在眼前也可能视而不见，有缘等于无缘。机缘从来不会照顾那些四体不勤的懒汉，不经常早早跑市场、逛地摊，想要等着物美价廉的好东西送上门来，恐怕永远是痴人的梦话。藏品永远不会与这样的人有缘。多实践，多看、多接触实物是学习收藏的主要途径，它需要几十年如一日的坚持，不因一时的挫败而精神崩溃，也不因一点点收获而得意忘形。这样才有可能把握与藏品的缘分。

94. 什么是红木家具投资收藏的禁忌？

一忌盲目性，不要赶时髦。

任何事物都有冷有热，有高潮，有低潮。赶时髦，或者

红酸枝盆景纹五扇折屏

说从众心态是很多人都难免的。一般而言，赶时髦并不是什么坏事。例如追求时尚的服装、发型等，即使流行不长，也无大碍，也是享受了一下生活。但收藏，特别是收藏红木家具是忌讳赶时髦的。因为红木家具本身是我们民族传统文化的优秀成果，本身就不是时髦之物。优秀的民族传统文化具有永久不衰的魅力，虽然由于种种历史原因，红木家具也有盛有衰，但并非时尚之物，因此，在并不十分了解红木家具的价值和基本知识，更不了解市场走向的情况下，不宜盲目跟风，否则，就难免失于偏颇。

　　二忌猎奇好胜，防止被忽悠。

　　当前红木家具收藏市场并不十分规范，人们对红木家具的相关知识了解得并不多，具有火眼金睛的行家更如凤毛麟角。因此，家具市场上的投机行为和欺诈行为时有发生，而上当受骗者，也往往是既好奇而又不懂行的人。所以，要多观察，慎下手，不要急于求成，防止被人忽悠。尤其对价值不菲的藏品，最好的办法是请业内人士或有经验的人帮忙把关。

　　三忌过于自信，弄巧成拙。

　　家具收藏学问很深，绝不是看几本书就能掌握的，也不是在业内人士指导下鉴赏过几件家具就学会了的。因此不要轻易地自诩为掌握了鉴赏红木家具的看家本领。更不要轻易地替朋友去做红木家具鉴赏，以免弄巧成拙，吃亏上当。知之为知之，不知为不知，吃不准就是吃不准。要实事求是，多看书学习，多实践，只有下苦功，才能练就真本事。

95. 如何辨别古旧家具的真伪？

　　这是一项很复杂的、专业性很强的技能，没有广泛的见识和广博的知识,很难掌握。但也有一些大体的规律性的东西可供借鉴参考。在这个问题上,胡德生先生主编的《明清家具鉴藏》一书中有一段很精辟的论述,现抄录如下。

要确定家具的真伪,有几点是必须掌握的:一看包浆是否自然。二看家具的腿脚是否有褪色和受潮水浸的痕迹。三看家具的底板和抽屉板,比如老的桌子和闷户柜等,底板和抽屉板就有一股仿不像的旧气味。如果看到榫眼两头是圆的,就说明是机器加工的,肯定是新仿品。四看木纹,硬擦的木纹总有一种不自然的感觉。五看翻修痕迹。有些布面的椅子在翻新后,原有的椅圈上会留下密密麻麻的钉眼,这种椅子就是老的。六看铜活件。老家具的铜活件如果是原配的,应该被手摩挲了几十年甚至几百年。有些材质较好的家具还会选用白铜打造,时间长了会泛出幽幽的银光,令人遐思。

也有行家把辨别红木家具的方法归纳为"望、闻、问、切",具体方法如下。

"望",是看。从大处看家具的品相,即造型,从小处看它的雕刻和做工。

"闻",是听。敲面板,听声音。太薄的面板声音空,较厚的面板声音实。有的时候,面板里面可能还有夹层,虽然厚,也重,但不等于用的是同一种料,这种现象可能你"听"不出来,需要仔细察看。另外,这里面的闻,也有"嗅"的意思。香枝木还是酸枝木,气味是有差异的。

"问",是问话。向销售员提出问题,比如材质、木材原产地等,以及是否满彻?如果是非全红木家具,还要了解清楚在哪些地方使用了非红木,以后售后服务及保修等问题。总之,能问的尽量问,听他(她)是怎么样回答的。关键的地方还要写进购货合同中。

"切",是摸,像号脉一样。摸摸光洁度如何,体会材料的表面手感,也体会它的工艺水平。光摸表面不行,还要摸摸它的底面、抽屉板等。摸,最好与看、听等相结合,细细审视其工艺,包括查看其榫卯的使用方法是否合理,特别是观察其是否掺杂有其他辅材。

96. 古旧家具收藏有哪些主要的相关专业术语?

包浆——指古旧家具表面因长期使用而留下的痕迹。因为经过长期与人的直接接触,特别是用手抚摸,会在木质表面泛起一层温润的光泽,看似有一层薄膜包裹在家具表面,这种现象就称为"包浆"。

掉五门——苏作木匠对家具制作精细程度的赞美之词。

———— 小叶檀浮雕镶嵌玉石人物纹屏 ————

家具在完工之后，同样的家具能做到几乎分毫不差，谓之"掉五门"。

坑子货——指材质有问题或者做工较差的家具，有时也指被购进以后好几年也脱不了手的新仿家具。

吃药——指买进了假货。

爬山头——以前旧货行的人将没有落款或者不出名的人的字画挖去一部分，再填补上名家题款，以冒充名人真迹，这类老字画就被称作"爬山头"。在家具行业，特指修补过的古旧家具。

叉帮车——将一些零散的古旧家具部件拼装成一件家具。

玉器工——专指家具表面的浅浮雕参照了汉代玉器的纹饰和工艺。

行货——指艺术家或工匠为应付市场而批量生产的不精美的艺术品，也称"大路货"。

开门——一般用来评价一件古物真品，称作"开门货"、"开门"或者"大开门"。

皮壳——家具在长期的使用过程中，漆面会慢慢风化，表面会产生多种化学变化，再加上摩擦的作用，漆面会形成一些不同于新家具的纹理，比如蚯蚓纹等。古旧家具原来的漆皮对鉴定古旧家具具有重要的作用，同时这些漆皮自然形成的表面纹理有一种古韵，为很多藏家所喜爱，被称作"皮壳"。

生辣——指古家具保留有较好的成色。

叫行——同行间做生意，也称为"敲榔头"。

活拿——一名古玩商人从另一古玩商人手里拿走一件商品，当时不付款，这叫"活拿"。活拿的规矩是价位讲好了，只能多卖钱，不能少卖，至少保底，且言必有信，价位比买断要高。一般说，不再给活拿的人付手续费或跑道费，但活拿的人可以在活拿时的价格上加价，叫"戴帽儿"，多卖归活拿的人，原货主不问。

臭——指本来不错的东西，却长时间卖不出去，偏偏让许多古玩商贩拿出去过手，变成大家都知道，但谁也不想买的货色，恰恰这时候卖主绷不住了，越卖价格越低，也就越没人买了。这就叫把东西卖臭了。

绷——古玩商人真心想买或卖时，因某一方自己还要考虑，故意不买或不卖，故意吊对方的胃口，以实现自己的交易计划。

97. 近年来红木家具价格走向如何？

首先应该肯定，从投资角度讲红木家具的增值潜力是很大的，甚至可以说是长远的。除非有极特殊的情况，否则是不会贬值的。或者说包括红木家具在内的古玩艺术品的投资，与某些投资项目相比，风险是最小的，甚至可以说没有什么风险，除非投资者上当受骗。但红木家具的增值空间也是千差万别、甚至差别极大。其中，增值潜力最大的是明清时期的红木家具。尤其是明代文人指点下制作的明式家具以及清代皇家御作制作的清式家具，其增值潜力最大，投资真品几乎没有什么风险。据有关资料记载，20世纪80年代初，香港著名导演李翰祥先生从北京硬木家具厂购买的部分库存家具，在10年后竟涨价几十倍、上百倍乃至数百倍。

此外，非宫廷家具，即民国以来，包括新中国成立以来所设计制作的红木家具，增值潜力都很大，近20年来，其增值幅度都达到十几倍，乃至几十倍。

尽管国际金融危机的爆发影响了红木家具的价格走势，

鸳鸯戏水

有些红木家具从天价到几近崩盘。另外，市场的过度投机也可能导致部分红木家具的价格短期内出现暴涨或回落现象，但从长远看由于红木家具原材料稀缺，其价格趋势必然是长期上涨的。

可以肯定地讲，红木家具，无论是古旧家具，还是年代并不太久远的家具，今后都将继续增值。现在的新，就是未来的老。至于预测10年后、20年后乃至更长时间的增值幅度，恐怕谁也很难说清楚，更无法说准确。

98. 红木家具投资收藏的前景如何？

红木家具是一种承载了中国历史文化的艺术品，也是实用品。正如陈宝光所说："红木是一个非常'中国'的概念，在树种的分类中，并没有一种或者一类树被称为红木。只有变成家具后，它才能被称为红木，这是一个文化概念。"既然它是文化的象征物，而文化的价值是无法估量的，这也是红木家具成为投资收藏对象的重要原因。

另外，红木家具永远不会过时，红木家具的投资是永恒的主题。当然，由于时代的发展，社会的变化，也会有冷有热，有高有低。这种冷与热、高与低的势头也会循环往复地交替出现。

红木家具的投资前景是美好的，但情况有时候会有短期的变化。从市场角度讲，明清时期经典之作的交易量肯定会越来越少。这是因为古旧之物具有不可再生性，存世量只能是越来越少，不可能越来越多。已经得到真宝者是绝不肯轻易出手的。

因此，从红木家具的投资收藏前景来看，近几十年的作品还会有一定的市场潜力，将成为投资的重点。近年新作，只要材质好、做工好、品相好，交易量是会逐渐增多的，并终逐渐成为投资的主体，增值潜力肯定会越来越大，其增值因素主要是材料。目前，国内外都对红木资源采取了一定的保护措施，导致红木价格急剧上升。因此，近年新作红木家具价格上涨已成必然，此类投资，正当其时。

不过，也并不是所有的新红木家具都具有升值空间。对明清硬木家具来说，更重要的是它所具有的历史文化价值，而对新红木家具来说，其价值主要体现在材质和工艺方面。有些新红木家具在一些部位用硬杂木染色代替，有些小作坊制作的家具工艺粗糙，这些家具都很难有什么升值的空间。

红木家具投资收藏入门 [保养篇]

99. 红木的理化性能有何特点？

凡木都有性，说通俗点，就是都有脾气。从木材硬度上划分，木材主要有硬木、硬杂木、软杂木。其中，硬木就是我们现在所说的红木。红木与其他木材相比，质地更为坚硬，纹理更为细腻，在标准含水率范围内的气干密度较大。因此，红木家具的干缩湿涨率比较明显，易开裂，故一般红木家具都有适度的抽涨缝。越是质坚细密的木材，其干缩湿涨率就越高，其他材质家具亦是如此。

红木木材是无毒无害的绿色环保材料，红木家具除了环保之外，有的材质本身还有很好的药性作用。比如紫檀本身就是中药里上乘的名贵药材，而海南黄花梨亦称"降压木"，有舒经活血、促进血液循环及降压功效。

100. 红木家具日常保养应注意什么？

红木家具虽然经久耐用，但也要合理使用，妥善保养，才能延长使用寿命。

根据红木家具的特点，更要注意红木家具的保养，要注意环境的湿度和环境卫生，注意防尘、防虫蛀、防潮、防燥、防烫，当然更要注意防火。

红木家具与一般家具不同，特别忌干燥，故红木家具不宜曝晒，切忌空调的风对着家具吹或者将红木家具摆放在离窗口、门口等空气流动较强的地方。

红木家具藏物须适度，橱内存放物件不要超过门框，如果经常硬挤硬塞，会造成橱门变形。中空家具表面避免长期放置过于沉重的物品，如电视、鱼缸、金属工艺品等。

要防止酒精、香蕉水等溶剂洒在家具表面，因为这类溶剂会使家具表面形成"伤疤"。遇到家具表面染上污垢时，要用少量的肥皂水洗净，等表面干燥后，再上蜡恢复原貌，切勿用汽油、煤油、松节油等溶剂擦洗。

春、秋季节是比较适宜家具保养的季节，可分别烫蜡一次。但须用天然蜡，如川蜡、蜂蜡，不要用石蜡、地板蜡或鞋油蜡等化学制品。

任何季节都要尽量保持室内空气湿度适中。室内过于干燥时，宜用加湿器增湿或者在室内养鱼、养花调节室内空气湿度。室内湿度过大时，则要开空调除湿。

要用软毛刷、干净的绒布或绸布给红木家具除尘，切勿用湿布或水洗的方式除尘。

红木家具的红木板面一般比较脆，要防止碰伤碰裂，如果发现着力处出现脱榫，一定要找专业师傅重新胶合密封后再使用。无论是红木还是红木家具上的烫蜡、擦漆等表面处理都是怕烫的，使用时不要将过热的物品直接置于家具表面，避免用透明聚乙烯水晶板当作隔热垫。

另外，要经常用软布轻擦和用手抚摸家具表面，以去掉家具表面的浮蜡，保持住渗入木纹里面的蜡，使木质亮而不燥，呈现出润泽、含蓄、古朴、典雅的气质。

保养篇

101. 红木家具如何防尘？

红木家具的陈放处要经常打扫卫生，保持室内清洁。打扫时要洒点水并轻扫，防止尘土飞扬。对于红木家具的表面尘埃，应该用软毛刷清除，或用软布轻擦。不可用粗糙的扫帚进行打扫，以免在家具留下轻微划痕，不要用含有化学成分的去污剂擦拭，以免留下水渍和药迹，影响美观。

雕花部分可用细毛软刷去尘污，不能用毛巾及湿布。因为毛巾的毛是由纱线组成的小环结构，会刮伤家具的雕花、

红酸枝架子床

转角及木纹的细小劈裂部位。湿布会使家具表面产生干湿的剧烈变化，湿布中的水分和灰尘混合会形成颗粒状污垢，一经摩擦就会损害家具的表面，轻则损害家具原有的包浆成色，重则导致家具表面日后开裂。如果尘垢过多，可用晾干水分的潮布反复擦拭。

102. 红木家具如何防虫蛀？

首先要说明的是，防虫蛀要从源头做起，一定要使用经过杀虫处理并经过检疫的木材。尽管如此，空气尘埃中也会有虫卵落在家具上，春季尤其如此。虫卵在适宜的环境下也会孵化成虫，蛀蚀家具。因此，在清洁家具时尤其要引起注意。如发现虫蛀应清理后及时杀灭，而不要直接在家具上喷洒杀虫剂。

要定期检查虫蛀情况，对箱、柜等封闭式家具，或在其内部放适量的固体防蛀剂，以防害虫蛀蚀。

103. 红木家具应如何防潮？

放置红木家具的场所，相对湿度以50%～65%为宜。过干、过湿都会导致家具开裂变形，从防潮湿角度讲，首先应避免将其放在因渗漏等造成湿度较大的房间。一般而言，楼房，包括质量较好的平房比较适宜放置红木家具。但应注意，用墩布拖地时用水量不要太大，尤其要避免积水，防止从家具的足部浸水。否则，会造成家具损坏。

保·养·篇

红木家具应经常除尘上光，不但鲜亮也防潮。

如果是地势较低的平房，须将家具适当垫高，否则腿部容易受潮气腐蚀。最好用软薄垫将家具同地面接触的部位隔开，同时使家具同墙壁保持0.5～1厘米的间隙。可能的话，还可以给家具腿套上铜套脚达到隔离地面潮气的目的。

另外，家具也不能老摆在一个地方，正所谓"流水不腐，户枢不蠹"。随着季节的变化，家具的摆放位置要做适当调整，避免家具背面长时间靠墙受潮而腐蚀变形。

市场上有专用于防潮除湿的除湿包，买回家可放置在家具抽屉里吸潮。在使用一段时间后，要重新放些石灰或干燥剂。以吸水树脂和木炭为原料的除湿包则比较适合放置于空间较小的位置，比如衣柜、鞋柜等密闭空间可以挂一袋除湿包以驱逐湿气。

花梨浮雕龙纹宝座

当室外湿气较大时，应把上风方向的门窗关闭，只开启下风方向的门窗，以减少水汽进入室内。待天气转晴后再打开所有的门窗，加速水分蒸发。防潮的最重要时段是每天的早晨和晚上，这两段时间的空气湿度较午间更高，若不及时关上门窗，水汽将严重渗透至家居的每个角落。

空调一般都有除湿功能，但用空调抽湿见效较慢。而专用除湿机见效较快，但耗电也相对较大。暖风机在一定程度上也可以缓解室内潮湿状况，但暖风机有效辐射范围小，只能起到辅助作用。

保·养·篇

104. 红木家具如何防燥、防光？

在北方，尤其冬季风干物燥，应适当增加室内湿度，例如，使用家用加湿器，或在取暖设备上放置湿毛巾，或者用盆景鱼缸或加湿器调节室内空气湿度等都可以增加室内湿度。但千万不要直接在家具表面洒水或者用湿毛巾擦拭家具表面，特别是尽量不要让家具紧靠暖气。

光线对红木家具同样有损坏作用。红外线可使家具表面温度升高、湿度下降，造成翘曲和脆裂。而紫外线对家具的危害更大，漆膜受紫外线的照射后会退色乃至脱落，还会破坏木纤维结构，降低机械强度，即使停止光照，在暗处仍会继续起破坏作用。因此，家具不要放在阳光直射的位置。房间的门窗最好选择厚度在 3 毫米以上的玻璃，并安装布帘、竹帘、遮阳板、百叶窗等来防止光线直射家具。

105. 老红木家具如何除尘、除污？

清洁老红木家具，尽量用不会对家具产生破坏的工具和方法。

首先，要除去浮尘。去除老家具表面的浮尘和积土，可以用大功率的吹风机吹，不能用湿布擦，否则会对家具漆面造成损害。

其次，是去除蛀虫及虫卵。不要直接往家具表面喷洒杀虫剂，最好先用清水稀释少量消毒液，将小块棉布浸湿，再拧干后局部擦拭有虫和虫卵的部位。

另外，可以把家具拿到户外开放的空间，利用阳光去除家具里的湿气，同时也可除去因年代久远而产生的霉味。但千万不要把家具放在烈日下曝晒，否则可能会造成家具开裂。如果老家具上有油漆、水泥浆等不容易擦掉的黏着物，可以用物理手段清除，比如精细的刀刮和打磨，操作时尽量保护面板不受过大伤害，适可而止。如果不打算保留原有漆面，也可以用水冲洗，在卯、榫等积垢较深处，可以用肥皂水冲洗。

一般来说，对于一些珍贵的红木家具，要尽量保留原来的漆面，不宜用水清洗。

106. 搬运红木家具应注意什么？

搬运红木家具要轻拿轻放，要搬抬，而不要拖拉。还要注意防止磕碰、划伤。在搬运的过程中不要在室外放置时间过长，更要尽量避免在雨雪天气搬运家具。还要注意放置家具的环境温差不宜过大，应有一个缓冲过渡。红木家具最好放在 18～24 摄氏度，相对湿度在 35%～40% 的环境中。把红木家具搬到气候不同的地方，会对红木家具有影响。

无论是把红木家具搬到不同的地域还是仅仅在房间中搬动，都要特别小心。通常可以采用以下方法。

第一，搬运前先拆下所有活动的部件，把它们分别包装好，以确保家具在搬运时不会受损。

第二，关闭并锁上所有的抽屉和门，用一个搬动衬垫或柔软的毯子盖在上面，轻轻绑好。

第三，除了用毯子包裹，最好还要用填充物或泡沫来保护家具的各个角、把手及其他突出部分。

第四，为避免给家具造成变形、碰断、脱漆、刮伤、磨损，搬运时要将其抬离地面轻提轻放，不能硬拉硬拽，以免损伤榫卯结构，更不能在地面上滑行、拖拽家具。

第五，在搬运电视柜、组合柜等可分成几个部分的板类红木家具时，最好将它们拆开后分别搬运，减轻重量，避免磕碰。

第六，移动红木小件家具时应用双手，避免单手提拉或提握易损易折部位。如有开裂或残损，不能用 502 胶或其他化学胶、木屑填补或粘接，而应找到原厂家或雕刻工艺师，或专业修复红木小件的厂家及有经验的老师傅进行修复，切勿自己动手。

参考文献

[1] 柏德元，潘嘉来. 中国传统家具. 北京：人民美术出版社，2005
[2] 邱东联. 中国明清家具赏玩. 长沙：湖南美术出版社，2006
[3] 景戍华，帅茨平. 中国明代家具图录. 北京：中国林业出版社，1999
[4] 叔向. 古玩收藏上手丛书·家具. 济南：山东美术出版社，2007
[5] 柴亦江. 精品古家具过眼录. 上海：上海书店出版社，2003
[6] 马未都. 马未都说收藏·家具篇. 北京：中华书局，2008
[7] 舒惠芳. 中国民间收藏智库·古典家具. 北京：新世界出版社，2003

www.ingramcontent.com/pod-product-compliance
Lightning Source LLC
Chambersburg PA
CBHW061443300426
44114CB00014B/1816